Misterios por descubrir

Grupo ROBIN BOOK

Barcelona - México
Buenos Aires

Richard Bessière

Misterios por descubrir
El enigma de los tesoros malditos
y otros secretos de la historia

Traducción de Caterina Berthelot

Si usted desea que le mantengamos informado de
nuestras publicaciones, sólo tiene que remitirnos su
nombre y dirección, indicando qué temas le interesan,
y gustosamente complaceremos su petición.

Ediciones Robinbook
información bibliográfica
Industria, 11 (Pol. Ind. Buvisa)
08329 Teià (Barcelona)
e-mail: info@robinbook.com
www.robinbook.com

Título original: Trésors maudits & Trésors interdits
© Éditions Dangles
© Ediciones Robinbook, s. l., Barcelona

Diseño de cubierta: Regina Richling
Fotografía de cubierta: iStock © Jim Jurica
Maquetación: MC producció editorial
ISBN: 978-84-9917-011-4
Depósito legal: B-25.986-2009
Impreso por Limpergraf, Mogoda 29-31 (Can Salvatella),
   08210 Barberà del Vallès.

Impreso en España - *Printed in Spain*

Introducción

¿Cómo se convierte alguien en buscador de tesoros?

Desde tiempos inmemoriales los hombres han ocultado en escondites todo aquello que deseaban sustraer a la codicia de sus semejantes. Primero fueron puntas de flecha, anzuelos, nuevas herramientas especializadas y huesos tallados.

Se han hallado numerosos escondites prehistóricos en el yacimiento de Barrou, en el departamento de Indre-et-Loire, o en el de Montignac-Lascaux, en la Dordoña y en muchos otros lugares del mundo que nos confirman que los seres humanos de hace entre veinte y treinta mil años eran ya unos verdaderos artistas, y dan fe de la existencia de una civilización que todavía hoy sigue fascinándonos.

Los tesoros de la historia

Estos son los tesoros que calificaríamos como los primeros tesoros de la humanidad siempre y cuando otorguemos a la palabra tesoro un valor a la vez histórico y patrimonial. Entre los tesoros más grandes a considerar recordaremos las ruinas de Troya y de Micenas, descubiertas por el arqueólogo alemán Heinrich Schliemann en 1871. Del descubrimiento de la tumba de Tutankamón en Egipto, por el británico Howard Carter en 1922, de las tumbas de altos dignatarios incas en Perú, y los célebres rollos de Qumram, hallados por un pastor beduino en el desierto de Judea, cerca del mar Muerto, en 1947. Es este otro de los fabulosos tesoros reivindicados por los gobiernos israelita, árabe, ortodoxo y católico: el valor estimado de algunos de estos rollos es de varios millones de dólares.

Estos tesoros tienen un carácter peculiar. Cuando entramos en un museo por el placer de descubrir sus secretos y la intensa emoción de un instante, compartimos la herencia que nos legaron nuestros antepasados mientras dejamos que nuestros ojos se alimenten de su belleza ancestral.

Los tesoros fabulosos

Los tesoros ocultos

Los tesoros que más nos interesan en esta obra son tesoros de muy diversas procedencias, los que permanecen ocultos bajo tierra o sumergidos en los océanos. Tesoros compuestos por monedas, por joyas, por oro, por piedras preciosas procedentes de antiguos botines de piratas, de bandoleros o riquezas enterradas por miles de personas que ocultaron sus fortunas y que nunca más pudieron recuperarlas. ¿Quizás porque murieron antes de poder hacerlo?

Capitanes de barcos que los mandaron a pique para impedir que el oro que transportaban cayera en manos del enemigo. Marinos que murieron antes de poder informar a sus respectivos países del lugar donde se hallaba el barco sumergido. Aunque también pueda darse el caso de que nadie osara aventurarse en empresas de rescate que requerían el despliegue de unos medios muy costosos. Nadie lo sabe, ni lo sabremos jamás.

Los tres mayores tesoros del mundo se hallan, sin ningún género de duda, en el océano Índico, en el mar de las Antillas y en Perú, el país de los incas. Tesoros valorados en más de cuatro mil trescientos millones de euros. Sumemos a estas tres cifras las correspondientes a otros tesoros diseminados por el planeta y que aún no han sido descubiertos. Pues bien, mi querido amigo lector: sepa usted que esto permitiría alimentar la población terrestre durante casi cinco años. Algo que parece increíble y supera los límites de la imaginación... increíble, pero cierto.

Sea como fuere, estos tesoros existen; algunos ya han sido descubiertos y otros todavía se encuentran en las profundidades de la tierra o en el fondo de los mares pendientes de que algún afortunado los descubra. A esta búsqueda queremos invitar a los lectores apasionados por la aventura, por los tesoros fabulosos; a quienes aceptan el desafío de lo desconocido y quieren jugar a los duendes con cofrecillos de oro, con viejos ducados, pero también con los grandes secretos de la humanidad, pero antes convendrá conocer los métodos empleados para forzar los cerrojos de puertas prohibidas.

Declarar (o no) un tesoro

Si el descubridor respeta la ley, declarará su descubrimiento y se conformará con lo que el Estado quiera concederle a título de recompensa. En caso contrario, y si ha leído a Aristóteles, coincidirá con él en la idea de que un tesoro debe pertenecer a su descubridor tal y como preconizaba el gran filósofo griego en su *Tratado de política* veintitrés siglos atrás, a propósito de la legislación sobre tesoros.

Ciertamente, ha transcurrido mucho tiempo, las leyes han cambiado y en nuestros días al Estado le importan bien poco los razonamientos de Aristóteles, sobre todo cuando orienta con avidez su mirada impositiva sobre las grandes fortunas, dado que gran fortuna parece ser que hay cuando un pobrecito buceador se encuentra bruscamente en posesión de una considerable fortuna gracias a su hallazgo.

No hay más remedio..., para asegurarse la totalidad de un tesoro convendrá primero contratar los servicios de pútridos leguleyos, de peristas y de toda clase de intermediarios cuya misión consistirá en convertir el susodicho tesoro en divisas contantes y sonantes, en lingotes de oro o en otros bienes que la ley considerará «dinero sucio»..., pero que en segunda instancia podrá ser colocado en bancos extranjeros; los más reputados para este tipo de negocio se hallan en lugares como Liechtenstein, Luxemburgo o en las Bahamas. ¡Todo esto implica algunos riesgos, pero es factible!

¿Cómo encontrar un tesoro oculto?

¿Casualidad o intuición?

Así es como suele comenzar estas cosas. Compramos una casa antigua y pedimos los servicios de unos obreros para proceder a su restauración, pero hete aquí que con un golpe de pico sale a la luz una vieja hucha oculta en una pared. O labrando la tierra aparece para su gran asombro un cofrecillo de la tierra revuelta. O los niños que estaban jugando en un granero descubren bajo una tabla del entarimado un saquito oculto lleno de alhajas antiguas.

Si es usted buen nadador y practica submarinismo, no olvide que gente como usted descubrió un buen día, cuando menos se lo esperaban, viejos galeones naufragados a poca profundidad. Se podrían citar numerosos casos parecidos, sobre todo en el Caribe, donde buceadores sin preparación especializada han hecho fortuna recuperando monedas de oro y pedrerías de la época de los corsarios y los conquistadores.

Hay quien recurre a la magia y a las ciencias ocultas

La casualidad y la intuición no son los únicos métodos que conducen hasta los tesoros ocultos. Para forzar los cerrojos hay quien recurre a la magia y a las ciencias ocultas, partiendo de la base que los tesoros están custodiados por ánimas o, mejor dicho, por los espíritus de quienes los ocultaron. De hecho, numerosos relatos e innumerables leyendas dan fe de la presencia de toda clase de apariciones en los lugares donde existe un tesoro, incluso cuando el tesoro ya ha sido descubierto.

Para permanecer fieles a la tradición conviene apuntar que un tesoro suele estar custodiado por gnomos, duendecillos, hadas y criaturas monstruosas que se alimentan con carne humana. El genial Paracelso, en su *Tratado de la filosofía oculta,* nos lo advierte al afirmar que conviene observar aquellos lugares en los que, durante la noche, haya apariciones de espectros o fantasmas «o cualquier otra entidad que espantase a los transeúntes y a los lugareños, particularmente en la noche del viernes al sábado». Para Paracelso este fenómeno también puede manifestarse bajo la forma de fuegos fatuos, de tumultos o de estrépitos, pero advierte asimismo que hay visiones quiméricas cuya misión consistiría en confundir a los buscadores hacia búsquedas vanas.

Hay dos clases de tesoros ocultos:

- El oro y la plata formados en las entrañas de la tierra por la naturaleza del terreno donde se hallan.
- El oro y la plata ocultos por motivos diversos: guerras, partidas precipitadas, ocupaciones del territorio por parte de enemigos, robos y botines resultantes de bandidajes varios.

En busca del tesoro oculto: forzando el azar

Magia y maldición: examen del lugar

Es preciso centrarse en las cualidades del lugar y proceder a un examen concienzudo del lugar en cuestión. Que algunos excavadores de tumbas hayan muerto durante sus tareas de investigación, no siempre es consecuencia de estos espíritus guardianes que los ocultistas tanto recelan; a menudo son resultado de sus imprudencias o de la infección de los enclaves. Esta última hipótesis ya fue apuntada a propósito del descubrimiento de la tumba de Tutankamón en Egipto: venenos pulverizados en las paredes, gérmenes resistentes en los sepulcros que pueden seguir siendo mortíferos transcurridos tres o cuatro mil años, alguna forma de radiación perniciosa, etcétera...

Sin embargo, las muertes en serie derivadas de este hallazgo también pueden ser debidas a lo que conocemos como «la maldición de los faraones». ¿Merece esta maldición alguna credibilidad?

Sabemos hoy que los antiguos egipcios practicaban la alta magia negra y que eran expertos en ocultismo y en fenómenos extrasensoriales. ¿Acaso hemos olvidado aquella famosa inscripción escrita para recordarnos que «La muerte golpeará con su bieldo a quienquiera que osare profanar esta tumba».

Toda magia, incluso la más peligrosa tiene su antídoto y los antiguos egipcios los conocían, pues empleaban talismanes contra los sortilegios para protegerse. Se dice que los talismanes más poderosos son los creados bajo los auspicios de la Luna y de Saturno y que los más eficaces en-

tran en los signos de Tauro, Capricornio y Virgo. También pueden ser realizados sobre una placa de estaño fino a la hora y el día de Júpiter, situación ideal para este tipo de protección. A tal fin, será preciso formar la figura de la fortuna en uno de los lados y en el otro grabar en letras mayúsculas OMOUSIN ALBOMATATOS, sin olvidar el añadido del perfume correspondiente al día propicio y cuya fórmula podremos encontrar en las tiendas especializadas en este tipo de suministros.

La utilización de los «cirios mágicos»

Según la tradición antigua, los cirios utilizados a tal fin pueden ser de sebo virgen y estar sujetos a varas de madera de avellano. El buscador interesado en dicha práctica deberá tener en cuenta que si el cirio que maneja chisporrotea con resplandores estará indicando la existencia de un tesoro oculto en ese lugar. Constatará asimismo que el cirio se extinguirá cuando halla alcanzado el emplazamiento del tesoro. Por descontado, conviene disponer de cirios bendecidos y conjurarlos en nombre de Dios para contrarrestar las entidades que custodian ese lugar.

Según relata el *Petit Albert*, libro mágico por antonomasia, de nada sirve mantener un silencio profundo durante las operaciones de búsqueda. Por el contrario, podemos charlar de cualquier tema siempre y cuando no se profieran palabras impías que pudieran irritar a los espíritus.

Argumentos como los anteriores pueden hacerles sonreír, pero nuestro papel en esta obra no consiste en aprobar o en criticar los métodos empleados, sino retransmitir fielmente esas nociones tal cual son y tal cual las conocemos, aunque haya quien las repruebe y quien las acepta. Digamos que este libro pretende ser libre y quedar al margen de cualquier restricción.

También podemos recurrir a la mandrágora

Nuestro estudio de los métodos quedaría incompleto si no nos concentráramos, aunque sólo fueran unos breves instantes, sobre la mandrágora, esta misteriosa planta antropomórfica, con aspecto de figura humana. La mandrágora abunda en el norte de África, en Cerdeña y en Sicilia, pero aparece muy excepcionalmente en Francia, aunque se han hallado algunas plantas en Corrèze, en Charente y en el Poitou.

Se le atribuyen virtudes afrodisíacas, mágicas, adivinatorias y medicinales que las viejas leyendas nos han transmitido y que aún en nuestros días despiertan el interés de algunos buscadores convencidos que las mandrágoras guardan tesoros ocultos. Los iniciados siempre las han buscado al pie de los patíbulos, embebidas de la sangre de los ahorcados o del esperma que estos eyaculan en el momento de su ejecución.

También se dice que el alma de un difunto puede introducirse en la planta y animarla indefinidamente. Dado que la mandrágora posee una curiosa forma humana, por su cuerpo, por sus miembros e incluso por la forma de su sexo, deberá ser considerada como un ser vivo al que deberemos prodigar el mayor de los respetos y las mayores muestras de consideración y protección.

Según cuentan algunos ocultistas, llevar encima un simple trocito de mandrágora conserva los mismos poderes y resulta ser un excelente condensador de fluidos. Este pedazo de mandrágora también puede ser metido en un frasco y expuesto a los rayos lunares. Aseguran además que quien tome todas las precauciones necesarias para mantener viva esta planta se asegurará su propia salud y su felicidad en temas de amor y de fortuna. Si busca un tesoro, tendrá grandes posibilidades de encontrarlo. La mandrágora jamás traiciona a su amo, siempre y cuando su voluntad sea respetada.

Radiestesia, vara de avellano y péndulo

Si las creencias antiguas siguen teniendo adeptos fervientes pese a sus paradojas implícitas, no es menos cierto que los buscadores modernos prefieren emplear métodos no tan empíricos y recurren a descubrimientos científicos más recientes.

La radiestesia

Los buscadores de tesoros actuales no descartan el empleo de la radiestesia, una técnica que, al igual que sucede con las ciencias exactas, hunde sus raíces en la noche de los tiempos. Este arte merece nuestra atención.

El arte de la radiestesia o «sensibilidad a las radiaciones» se remonta a hace más de 7.000 años. Los antiguos egipcios la empleaban para llevar a cabo toda clase de búsquedas, desde minerales a tesoros ocultos; lo mismo que los caldeos, que también utilizaban varas adivinatorias, y los chinos. Se ha apuntado incluso que el arte del embrujo tendría sus orígenes en China, donde un bajorrelieve del segundo milenio antes de Cristo representa al emperador Yu, de la dinastía Hia, con una vara en la mano y una inscripción que dice así: «revela tesoros ocultos».

Esta técnica adivinatoria recibe el nombre de radiomancia o hidroscopia, particularmente cuando se trata de localizar manantiales. Será preciso esperar la llegada del Renacimiento en Europa, con el consiguiente descarte de posiciones doctrinales. Sólo entonces se volverá a hablar de las varitas mágicas. Las emplearán sobre todo para buscar tesoros, pero también para hallar los cuerpos de víctimas asesinadas y las huellas dejadas por sus asesinos o sus ladrones.

Evidentemente, en aquella época el mundo del saber estaba dividido. Hay quien condena y hay quien revisa o matiza su valoración, como es el caso del padre Kircher que, en 1631, fue uno de los primeros que constataría «la simpatía del instrumento hacia la corriente de agua»; mientras que el péndulo lo menciona por primera vez el padre Schott y cuya utilización se reserva para la búsqueda de oro. Su primera utilización radiestésica data de 1749.

A partir de entonces empieza verdaderamente la búsqueda de tesoros, pero no sería hasta el Congreso internacional de Psicología Experimental del año 1913, en Hannover, cuando se emplearán por primera vez las palabras radiación, resonancia o sintonía. La Primera Guerra Mundial ofrece, por cierto, una excelente confirmación de este procedimiento para la localización de artefactos explosivos sin detonar y cuevas que son escondites para los obuses y las cajas de munición.

Fue sobre todo la búsqueda de agua lo que más popularizó el empleo de la varita de avellano, llamada también vara adivinatoria o verga de Jacob, verga de Aarón, verga de Moisés o más simplemente «verga reluciente». Según narra la Biblia, Moisés hizo que manase el agua de una roca empleando precisamente para ello su vara bifurcada.

Sin embargo, en lo concerniente al instrumento propiamente dicho, también conviene tener presente que para localizar un tesoro es muy importante el papel que desempeña la alta magia en el secreto de hacer mover la «verga fulminante». Tal y como relata un texto del *Verdadero Dragón Rojo*, en 1521: «Yo te recojo en nombre de Eloim Muthrattam, Adonai, Semiforas, para que tengas las virtudes de las vergas de Moisés y de Jacob, para descubrir todo lo que yo quiero saber». A continuación habrá que repetir tres veces la siguiente oración:

> *Por el poder del Gran Adonai, Eloim, Ariel y Jehovam, te ordeno unir y atraer todas las materias que yo desee; por el poder del Gran Adonai, Eloim, Ariel y Jehovam, yo te ordeno, por la incompatibilidad del fuego y el agua, que separes todas las materias tal y como fueron separadas el día de la creación del mundo. Amén.*

¡Qué extraña combinación de religiosidad y satanismo! Hasta el punto que resulta imposible discernir si nos estamos dirigiendo a Dios o al diablo... Tan extraño documento se presenta en su extravagancia como un simple engañabobos por mucho que en todas las épocas haya habido aventureros dispuestos a intentarlo siguiendo este proceder. Que lo consiguieran o no... esa es otra historia.

La varita de avellano

Amigo lector, para permanecer en el orden normal de las cosas, nada le impide fabricarse usted mismo un bastón bifurcado como los descritos: a continuación le detallaremos cómo hacerlo. Su varita deberá tener unos treinta centímetros de longitud. Puede ser una ramita de un árbol con forma de horquilla cortada de un árbol desprovisto de hojas. Es preferible emplear para ello un avellano, pues conservará durante más tiempo su elasticidad y su flexibilidad, pero también pueden utilizarse el lila y el tamariz, en otros climas; o también el pino, el sauce o el aliso.

También se pueden emplear otros materiales menos flexibles, como el metal, las barbas de ballena o materiales plásticos... que uniremos mediante un hilo de metal o de nylon, a menos que prefiera, para mayor comodidad, dirigirse a tiendas especializadas en la venta de estos artículos. Su único problema será la dificultad que presupone la elección.

La varita deberá ser mantenida en posición supina, esto es, invertida y con las palmas mirando hacia arriba. Deberá permanecer en equilibrio, inmóvil, con la punta ligeramente levantada hacia la mitad del cuerpo, más concretamente a la altura del plexo solar. Las manos deberán permanecer en plano horizontal, con los codos en contacto con la cintura.

En los movimientos de la varita hay que tener presente el movimiento ascendente, que es positivo, y el movimiento descendente, que es negativo. Lo esencial consistirá obviamente en saber distinguir las sacudidas involuntarias originadas por el movimiento de las manos de las reacciones reflejas condicionadas. Sólo cuando este dominio haya sido adquirido se podrá utilizar correctamente el instrumento.

Sería ocioso recalcar que este dominio requiere de un entrenamiento, pero no estará de más afirmar que el zahorí permanece en una especie de equilibrio inestable y frágil y que su esfuerzo, cuando mantiene la varita en posición horizontal, puede verse afectado por alguna reacción fisiológica que conllevaría un fracaso en su intento.

Que nadie crea que esta varita funciona como por arte de magia: requiere ante todo sensibilidad, una clase especial de sensibilidad. Según sostiene el profesor Rocard, en su libro *Le signal du Sourcier*, padre del antiguo primer ministro francés, los zahorís son sensibles a una anomalía local del campo magnético terrestre provocada por la presencia de agua, de un mineral o de cualquier cosa oculta. Estos «efluvios eléctricos» se desprenderían de la presencia de agua y de metales sepultados bajo tierra y acturarían sobre el cuerpo del zahoríes, aún cuando no se descubriera el hilo conductor que tendría que haber entre éste último y las cosas que busca.

¿Sin embargo, qué explicación podemos dar respecto del agente físico en cuestión? ¿Y cuál de nuestros cinco sentidos se encarga de percibir esta señal? Este descubrimiento aún está pendiente, dado que nuestros conocimientos actuales en materia de fisiología todavía no nos permiten dar a este fenómeno una explicación plausible. Lo único que podemos afirmar es que existe una predisposición de este sentido desconocido en cuanto los músculos de nuestro cuerpo están bajo tensión y que se produce una reacción inconsciente en el zahorí, cuyos músculos dejan de responder de manera habitual a las órdenes trasmitidas por el cerebro. Nadie podría definir mejor que el reverendo Jean Jurion la verdadera naturaleza de la radiestesia, especialmente cuando nos dice:

> «La radiestesia es una facultad basada en una sensibilidad neuromuscular que, gracias a un reflejo convencional, permite tomar conciencia del pensamiento inconsciente que funciona a escondidas de nuestra razón mediante un lenguaje interior.»

Este mismo fenómeno tendrá lugar cuando se trate de agua *dormida*, de agua que fluye y de napas freáticas. Pero lo mismo les ocurre a los zahorís capaces de «sentir» el agua sin tener que utilizar instrumento alguno. Son personas que experimentan hormigueos en la piel en cuanto se hallan en presencia de agua corriente, sea del tipo que sea.

Es un fenómeno parecido al que guía a los magnetizadores que, fiándose de las sensaciones percibidas, son capaces de identificar el órgano enfermo. Son personas que convierten esta sensación, originada por un reflejo incondicional, en reflejo condicional con significado preciso. Sólo entonces puede producirse un amplificación de esta sensibilidad para hacerla perceptible. No obstante, conviene tener presente que si el proceso transforma las sensaciones en reflejos condicionales originados en nuestro inconsciente, lo cual puede entrañar riesgos de subjetividad y autosugestión. Esta es la razón principal que condiciona la existencia de varias respuestas para definir mejor los detalles que harán posible la intervención de reflexiones e intuiciones.

Entremos en contacto con el péndulo

La radiestesia, en la actualidad, se basa principalmente en el empleo del péndulo. Un instrumento cuya utilización se remonta a los tiempos del naturalista Fortin, a finales del siglo XVIII, y a un tal Campetti, más o menos de la misma época, ambos utilizaban un pequeño péndulo que estaba compuesto por un pequeño trozo de pirita u otra sustancia metálica suspendida de un hilo que se sujetaba con la mano.

Podemos confeccionar uno con nuestros propios medios empleando una canica sujeta a un cordel, o un guijarro redondo o una bolita de caucho duro o una plomada, pero procurando siempre que la forma de estos objetos sea simétrica. Sujete el hilo con los dedos índice y pulgar, pero sin apretarlos y manteniendo relajadas las articulaciones. Este requisito es imprescindible para que los movimientos inconscientes de sus dedos activen el péndulo.

Para dar con la longitud adecuada, deberá sujetar el hilo a 3 o 4 centímetros del péndulo y, en cuanto comience a moverse, lo irá soltándolo suavemente entre los dedos. Deténgase cuando considere que el movimiento le parezca lo más limpio posible. Bastará entonces con interpretar los movimientos del péndulo cuando se halle sobre una fuente cualquiera. Si su movimiento sigue el sentido de las agujas del reloj, es positivo; en el sentido contrario, negativo.

El péndulo puede utilizarse sobre un plano, sobre cartas, sobre imágenes. Todo el mundo sabe que cuando alguien desaparece, sobre todo si se trata de un niño, los radiestesistas ofrecen sus servicios a la policía. Por cierto, tenemos noticias de excelentes resultados obtenidos mediante este procedimiento en los últimos años. El abad Mermet, uno de los pioneros de la radiestesia, descubrió así –aparte de varios enclaves arqueológicos– las huellas de los supervivientes de una expedición polar y también las de personas que se habían suicidado o que fueron asesinadas, logrando indicar el lugar exacto donde perecieron. En cada caso, las investigaciones del abad Mermet quedaron demostradas.

También podemos confeccionar un péndulo con un simple anillo de oro suspendido de un hilo, o incluso de un cabello, por encima de un vaso de agua. Este particular género de péndulos puede contestar a las preguntas que se le formulen, mediante el tintineo del anillo contra las paredes del vaso de cristal. Habrá que determinar previamente las respuestas de manera análoga al método de los espiritistas para preguntar a los espíritus mediante un médium; esto es, con un golpe para el «sí» y dos golpes para el «no». Con este sistema también podemos conocer la edad de una persona, el valor de un premio o la edad de un mueble: bastará con contar los golpes.

Las operaciones sobre un plano

Hemos de tener presente que este asunto no nos aparte del tema principal. Los buscadores de tesoros deberán dejar que el péndulo se oriente en dirección a la cosa buscada y sentirán una intensidad creciente del balanceo y una atracción mayor. Las operaciones sobre un plano deberán tener en cuenta el norte magnético y todos los puntos cardinales e intercardinales. El objeto buscado se hallará siempre en una zona situada en las intersecciones de las líneas rectas trazadas mediante una regla siguiendo el movimiento pendular.

Podemos asimismo utilizar la varita que se elevará, con testigo hídrico o sin él, cuando se sitúe sobre el mapa o plano o en cuanto se halle encima de una corriente de agua o el objeto de la búsqueda.

¿Y si hablásemos de la «memoria de las paredes»?

Por supuesto, la ciencia sicométrica también tiene sus adeptos. Para los parapsicólogos, los viejos muros son guardianes ancestrales de *secretos perdidos*. Los muros de nuestras casas viejas nos hablan, pero también hay que saber escucharlos. Los cristales que conforman las paredes pueden retener imágenes y sonidos. Todas las piedras están hechas de cristales visibles para el ojo humano aunque también los hay invisibles a simple vista. Parece evidente que contienen gran cantidad de información que aún no estamos en condiciones de recuperar, al menos técnicamente, pero sí percibir bajo determinadas condiciones, dado que nuestros sentidos responden a las radiaciones sutiles emitidas por estas vibraciones.

Considero que todo buscador de tesoros debe conocer esta ciencia de las vibraciones y emplear su sensibilidad para percibir los mensajes que determinados lugares nos envían durante las investigaciones allí realizadas.

Los tesoros ocultos siempre han fascinado a los hombres

Hay soñadores y otros que sueñan que serán capaces de intentarlo; que algún día se lanzarán a la aventura, como los cándidos capitanes Garfio o Barbanegra, adormecidos en el seno de lo irreal, pero también los hay temerarios, los que se exponen a escuchar eternamente el redoble de las campanas de difuntos, el tañido de la maldición.

Hay tesoros malditos, pero también hay tesoros prohibidos. En ambos casos hay algo de mágico; algo que obedece a reglas y leyes que no pertenecen a nuestro mundo real, lógico y racional.

El coche maldito de James Dean

¿Forma parte la maldición del mundo racional? Nadie ha podido jamás contestar a esta pregunta, pero tomemos un ejemplo concreto y muy real. Quisiera apuntar el caso del Porsche al volante del cual encontró la muerte el actor James Dean en 1955. Este vehículo siempre trajo mal fario a sus propietarios, empezando por un tal George Harris, gran admirador de Dean, cuyas piernas quedaron destrozadas en el mismo instante en que dirigía las operaciones de recuperación de los restos del vehículo con la ayuda de una grúa. Un aficionado a los coches de carreras adquirió el motor, lo adaptó a su propio vehículo y se mató acto seguido en una carrera. Otro aficionado corrió la misma suerte tras adquirir el sistema de dirección. Las demás piezas fueron cargadas en un camión remolque que volcó en una curva matando al conductor del vehículo. No acaba aquí la cosa. Un piloto de carreras adquirió dos neumáticos del Porsche maldito, que estallaron al unísono en su coche. El piloto falleció en el acto. Sin más comentarios.

Los tesoros descubiertos pueden ser peligrosos

Todos los buscadores de tesoros que se lanzaron a la aventura les dirán que una maldición amenaza a todo aquél que consigue descubrir un escondite. Nadie viola impunemente una tumba, un secreto de familia, una protección oculta o la simple carcasa petrificada de un galeón sumergido para adueñarse de un tesoro machado de sangre. El tesoro de quienes lo defendieron, lo protegieron, lo ocultaron o que tenían otras razones para evitar que lo obtuviéramos.

Entraña un riesgo que puede ser mortífero y a lo largo de este libro comprobaremos que la maldición existe aún cuando resulte imposible explicarla científicamente.

Buen número de tesoros descubiertos han conllevado la muerte, cuando no accidentes graves, enfermedades, estragos físicos o morales así como súbitos reveses de la suerte. Muy pocos han podido disfrutar, aunque fuera por poco tiempo, de su «buena suerte».

Los pozos de Chichen Itzá, en México

En esta ciudad, los toltecas utilizaban un pozo natural o cenloepara rendir culto a su dios de la lluvia, Tlaloc. Este pozo sigue existiendo en nuestros días y tiene 13 metros de profundidad. El 13 es un número profundamente vinculado a los misterios indios y aparece con frecuencia en muchos ámbitos de sus labores. A este pozo eran precipitados con vida jóvenes cubiertos de joyas, cuyos restos fueron descubiertos mucho después por los arqueólogos. Resulta extraño que esas joyas siempre fueran infaustas para quienes las poseyeron, ¿pero cabe culpar de ello al número 13?

Dos de los arqueólogos que se aventuraron al fondo del pozo jamás regresaron y los demás padecieron lo indecible para volver a la superficie a través del entramado de rocas y escombros de toda clase. Los que volvieron con algunas piezas del increíble tesoro compuesto por collares de perlas, de jade, de esmeraldas y rubíes que permanecían alrededor del cuello de los esqueletos, todos –o casi todos– tuvieron problemas de salud, sufrieron accidentes, a menudo mortales, y uno de ellos se suicidó.

Esto fue lo que me contó la persona que me guió durante mis exploraciones en Chichen Itzá en 1992. ¿Sorprendentes coincidencias? ¿Supersticiones? Ciertamente, los indios tienden a creer en la maldición. Sea como fuere, las autoridades locales estaban considerando vallar sus contornos para impedir el acceso. Nunca más se volvió a explorar el fondo de dicho pozo cuyo tesoro maldito sigue alimentando conversaciones y la imaginación de buscadores que, hoy por hoy, siguen viéndose impotentes ante lo inaccesible.

La leyenda de Melusina

¿Maldición? Recordemos una curiosa leyenda que protagonizaron el hada Melusina, tesoro de amor y voluptuosidad a un tiempo, y un joven pastorzuelo enamoradizo y buscador de tesoros. Un buen día, provisto de su varita bífida, se topó con el hada Melusina que le ofrecía su cuerpo desnudo y aterciopelado, pero el joven buscador lo quería todo: el tesoro carnal y el tesoro de oro y perlas que poseía Melusina. Y como no podía quedarse con los dos, debería elegir. Se decidía por las joyas y las piedras preciosas convencido de que con tanto dinero podría obtener el amor de las mujeres más bellas del reino.

Una vez escondido su tesoro en un lugar secreto, se llevó consigo todo el dinero que alcanzó a coger, pero a partir de ese momento, ninguna de las mujeres que encontró le pareció lo suficientemente hermosa, ni siquiera la hija del rey.

¿Cómo termina el cuento? ¡Ah! Pues de una manera bastante triste, la verdad. El joven acabó perdiendo el interés hacia las mujeres, languideció y su tesoro acabó convirtiéndose en una pesada carga, en un maleficio. Tanto fue así, que acabó tirándolo al río... Este cuento es típico de la región de Poitou, donde se dice que aquel tesoro estaba maldito y que intentar recuperarlo sería una temeridad porque quien lo consiguiera escucharía a su vez las palabras mágicas, hechizantes, pero también desesperanzadoras, de la bella Melusina.

Prohibiciones y tabúes

Es obvio que la historia de Melusina es una leyenda y no todos los tesoros están malditos; también los hay prohibidos y otros que son tabúes. En todas partes hay almas, voluntades que disponen de fuerzas superiores a la del hombre. Hay que conseguir calmarlas; por eso conviene ofrecerles dones y engatusarlas con buenas palabras. Así pues, incluso en el mundo moderno, animales, plantas y minerales se consideran investidos de cierto poder. Entonces se convierten en tabú. Conviene alejarse de ellos y abstenerse de tocarlos.

Sin embargo, el tabú también puede afectar a los actos. A los tuareg, por ejemplo, les gustaría poder librarse del *litham*, ese velo negro que llevan sobre el rostro y que es bastante molesto, pero creen que su alma se les escaparía por la boca o por la nariz. A las mujeres musulmanas que viven en algunos países fundamentalistas les gustaría poder quitarse el velo que les cubre el rostro, pero les está prohibido hacerlo.

Los judíos tenían prohibido tocar el Arca de la Alianza. Esta fue la causa de la muerte de Huma, que osó tocarla para retenerla cuando se caía. Esta misma observación sirve para el Grial, palabra mágica de múltiples significados; hay quien asegura que es el vaso donde José de Arimatea recogió la sangre de Cristo crucificado. Para otros es la copa verde de la que bebió Jesús en la Última cena. Para algunos esoteristas el Santo Grial podría ser la ascensión progresiva, gradual, de los seres humanos hasta la cima del conocimiento. ¿Podría ser el Grial uno de los grandes secretos de la humanidad y del universo?

Cuando hablamos de tesoros no siempre se trata de oro, de plata y de piedras preciosas. Un tesoro puede ser también algo excepcional, algo deseado y hacia lo cual concentramos un afecto particularmente intenso.

Sin embargo, no vayamos más lejos, en los siguientes capítulos tendremos ocasión de reconsiderar estos múltiples tesoros y comprender que la historia de los tesoros, aunque a veces coquetea con lo maravilloso, nos induce además a plantearnos muchos interrogantes.

1

El rey Salomón, su templo y su fabuloso tesoro

El rey Salomón entró en la historia como tercer rey de los hebreos (1016-976 antes de C.) heredó, a los 17 años, un inmenso imperio conquistado por su padre, el rey David, que se extendía desde el Nilo hasta el río Éufrates, en Mesopotamia. Además de su gran riqueza y reconocida sabiduría, administró su reino a través de un sistema de doce distritos y consagró su reinado a grandes proyectos de construcción, como su famoso templo, el palacio real o las murallas de Jerusalén, entre otros.

¿Qué nos dicen de él las Sagradas Escrituras?

Las Sagradas Escrituras convierten a este hombre en un modelo de sabiduría y de sensatez aparte de glosar el esplendor de su corte y la prosperidad de su reino. Transcurridos 3.000 años desde entonces, los buscadores de tesoros siguen planteando interrogantes referidos al legado de este extraño monarca, a la vez artístico, espiritual y material. Entre sus pasiones destacan las expediciones marítimas que llevaron su prestigio hasta el lejano país de Ofir, territorio mítico cuya ubicación ha sido objeto de múltiples contro-

El rey Salomón fue un
personaje mítico de
reconocida sabiduría y gran
riqueza y dedicó su vida
a grandes proyectos como
el templo y las murallas
de Jerusalén.

versias. Hay quien lo sitúa en la India, otros en el Sur de África, en
la actual Zimbabwe, donde abundaba el oro, lo cual daría verosi-
militud a la fabulosa riqueza de que disponía el rey Salomón.

*Aparte de sus fabulosas riquezas, el rey Salomón también es
célebre por sus obras literarias, que incluyen 3.000 prover-
bios, 1.005 cántigas y su gracioso* Cantar de los cantares,
*pero su legado artístico y espiritual radica sobre todo en la
construcción del templo, ese famoso templo de Jerusalén
cuya historia resumiremos a continuación. ¿Cuál era su
mayor particularidad?*

El templo y la leyenda de Hiram

La construcción de este templo se llevó a cabo siguiendo el modelo de los templos egipcios. Según se desprende de su planta y
los materiales empleados, era éste un templo simbólico. Templarios primero y otros ejércitos armados y francmasones después
lo convirtieron en el símbolo por excelencia de la obra que permite que el espíritu humano ascienda gradualmente hasta la perfección total.

El arquitecto fenicio Hiram fue quien concibió este templo contando con canteros distribuidos en tres categorías: aprendices, oficiales y maestros; cada una de estas categorías poseía sus propias contraseñas, costumbres y reglas.

Un día, tres compañeros descontentos por no haber ascendido al rango de maestros asesinaron a Hiram, pero a los ojos de los demás constructores, Hiram resucitaba en el plano divino, pues seguía siendo el modelo ideal para todos los iniciados en el *arte real*. Incluso en nuestros días, para alcanzar el grado de maestro, un francmasón deberá revivir la leyenda de Hiram.

El templo propiamente dicho se divide en cuatro partes, que simbolizan los tiempos profanos y los tres grados de la iniciación; de forma análoga, la Jerusalén terrestre –aseguran– no es más que un reflejo de la Jerusalén celeste. Reino de Dios, el templo visible tiene su réplica en el templo espiritual e invisible al que los hombres acceden por etapas a medida que van perfeccionándose.

Esto en lo concerniente a la faceta espiritual de dicho templo, pero precisemos que los planos diseñados por Hiram jamás fueron descubiertos. Hay quien sigue buscándolos. Sin embargo, altas personalidades de la francmasonería declaran sin titubeos que tales documentos podrían haber sido conservados y que permane-

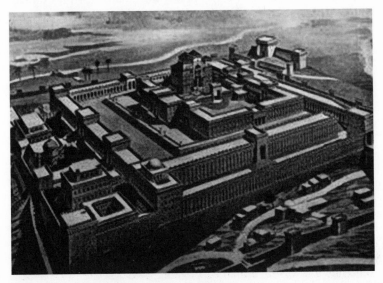

Reconstrucción hipotética del templo de Salomón.

Las ruinas del templo
de Salomón al pie de la muralla
junto al templo de la Roca.

cen custodiados por quienes los conservan y consideran que sus revelaciones, en nuestros tiempos convulsos, podrían acarrear graves repercusiones en los cimientos de nuestra humanidad. ¿Cabe considerar que estos planos son un tesoro maldito?

La implantación de lugares sagrados obedece a una disciplina actualmente desconocida, a una ciencia analógica que sitúa cada uno de estos lugares en consonancia matemática con las dimensiones de la tierra, del universo y de la creación misma.

Del templo de Salomón a la catedral de Chartres

La catedral de Chartres es un libro de piedra que hay que saber leer, pero, lamentablemente, hemos perdido esta noción, y estos libros de piedra procedentes del medievo nos hablan en un lenguaje que ya no comprendemos.

Descubrimos, sin embargo, que el monumento fue construido siguiendo la regla áurea; una proporción mágica para el estudio del equilibrio y la armonía. Encontraremos asimismo bastantes figuras geométricas procedentes de la pirámide de Keops, del templo de Salomón y de varios monumentos de la antigüedad helénica. Todos estos tesoros arquitectónicos quedan vinculados entre sí por las mismas reglas sagradas, por las mismas leyes de la perfección total.

Consideremos asimismo que la superficie del monumento equivale exactamente a la centésima parte de la base de la Gran Pirámide, que la construcción de Chartres por los templarios es una síntesis entre la pirámide de Keops y el círculo de Stonehenge, en Inglaterra. Añadiremos que en la catedral de Chartres se agrupan además toda la ciencia de los antiguos egipcios y de los pitagóricos.

Otra rareza a tener en cuenta: en el solsticio de junio, el Sol incidió periódicamente sobre una piedra blanca sujeta por una pieza de metal y situada en mitad del coro. Esta pieza de metal recibe un sólo rayo de sol al año, pero no es un rayo de sol cualquiera: es el del 21 de junio a mediodía, correspondiente al solsticio de verano. La vidriera que recibe esta única pincelada de luz es la de san Apolonio. Cientos de personas se desplazan cada año hasta allí para asistir a este extraño fenómeno, pero prosigamos la visita a Chartres, siguiendo los pasos del guía...

Otro detalle maravilloso fue descubierto: que las dimensiones de la catedral obedecen a un patrón de medida evaluado en 73 centímetros y resulta que 73 cm representa la cienmilésima parte del

La catedral de Chartres
es de estilo gótico.

Interior de la catedral de Chartres en el que se puede apreciar el famoso laberinto.

grado del paralelo de Chartres. Abordemos otros detalles, por ejemplo, el acuífero del pozo céltico sobre el cual reposa parte de la catedral. Este acuífero se halla a 37 metros de profundidad y la parte superior de la bóveda se halla precisamente a 37 metros del suelo.

¿Qué extraña resonancia se pretendía obtener con el agua benéfica y el conjunto de la construcción?

Hay cosas aún más extraordinarias. Comprobamos que al calcular las distancias que separan las distintas plantas y pilares se obtiene una gama geométrica perfecta comparable a una escala cromática musical. Lo cual nos induce a pensar que Chartres podría comportarse como un fantástico instrumento musical cuyos sonidos nacerían de las vibraciones transmitidas por corrientes telúricas existentes bajo el suelo de la catedral. Vibraciones ultrasónicas cuyo significado tal vez ignoramos, pero que podríamos definir como una música silenciosa, desconocida, que se dirige hacia el cielo. Hacia Dios.

¿Conocimiento perdido o tesoro prohibido?

El conocimiento de tales secretos desmontaría las nociones conocidas de causa y efecto, conduciendo a nuestra sociedad materialista hacia los engranajes de un esoterismo peligroso. Esto es lo que nos induce a creer que el templo de Salomón representa la imagen del conocimiento ultrahumano. Conocimiento actualmente desfigurado y que pertenece a los tesoros prohibidos.

El templo de Salomón, al igual que la pirámide de Keops y la más cercana catedral de Chartes, son vestigios de una arquitectura sagrada, de un conocimiento perdido del mundo antiguo que sólo unos pocos iniciados, en nuestra Tierra, nos han podido transmitir, pese a codicias, rivalidades y soberanismos procedentes de imperialismos religiosos cristianos, musulmanes o judíos. ¿No son precisamente las susodichas religiones quienes se disputan en la actualidad los orígenes de este templo?

Sin embargo, revisemos la cuestión en el plano material.

Hoy sabemos que, bajo el reinado de Salomón, la ciudad de Jerusalén era considerada una de las más ricas de la Antigüedad. Si consultamos documentos antiguos y descontamos la parte de exageración añadida por los cronistas de la época, alcanzamos a una estimación de 2.200 toneladas de oro sólo para el templo de Salomón.

Se deduce de ello el interés de diferentes poblaciones de Oriente Medio y los motivos por los cuales este templo fue destruido varias veces, primero por Nabucodonosor y los caldeos en el año 585 a. C., después por los griegos en el año 168 a. C. y, finalmente, por los romanos de Tito en el año 70 de nuestra era, que destruyeron definitivamente el tercer templo construido por Herodes.

Los romanos, tal y como lo demuestra el arco triunfal de Tito, que se encuentra en Roma, y sus numerosos bajorrelieves, transportaron a esta ciudad todo lo que encontraron. En el botín destaca el candelabro de siete brazos que representaba el patrimonio espiritual del rey Salomón, pero también un elemento primordial de su fabuloso tesoro.

Los visigodos entran en escena

El tiempo fue transcurriendo y el 24 de agosto del año 410 de nuestra era los visigodos de Alarico saquearon Roma. La historia nos cuenta que tras un pillaje que duró seis días y seis noches, estos bárbaros se llevaron a su vez los restos del templo. Este tesoro de guerra fue transportado hasta Toulouse, donde permanecería hasta que los francos de Clodoveo, en el año 508, reanudaron su ofensiva contra los visigodos obligándolos a replegarse hasta la región

El rey visigodo Alarico en el año 410 de nuestra era saqueó Roma.

del alto Razès, en Redae, una villa fortificada hoy denominada Rennes-le-Château.

Siguiendo este recorrido, podemos pensar que una parte del tesoro de Salomón se hallaría al pie de los Pirineos. Un tesoro cuyo valor intrínseco podría estimarse, según los documentos de archivo y teniendo en cuenta el valor histórico de las monedas de oro de la época, en cuatro mil trescientos millones de euros. Y si añadimos a este fantástico tesoro otros valores no cuantificables y mucho más importantes, la realidad histórica se vuelve fantástica.

Este recorrido que conduce hasta los pies de los Pirineos, y más particularmente a la región de Carcasona, se basa en diversos documentos, sobre todo los de san Ambrosio y del historiador Procopio, cuyos originales se hayan en la biblioteca del Vaticano. Merece la pena recordar que san Ambrosio era natural de esta región y que la conocía perfectamente. En sus últimos años de vida fue nombrado protector y obispo de la ciudad de Milán, extremo que confirma un cuadro del Vaticano donde aparece durante su ceremonia de consagración como obispo. Fue precisamente en esta ciudad donde san Ambrosio saldría al encuentro de los visigodos llegados hasta allí con la intención de saquearla.

Sin embargo, el obispo reúne todas las riquezas que atesora Milán –oro, platería, piedras preciosas– y se las ofrece al invasor. «También puedo indicaros en Francia un lugar donde podréis almacenar todas estas cosas y donde nadie las vendrá a buscar». Es un lugar conocido.

Consagración de san Ambrosio
en la catedral de Milán.

Se trata de antiguas minas de oro y cobre de la región de Carcasona del tiempo de los celtas, que fueron, no lo olvidemos, los primeros pobladores de estas tierras del bajo Languedoc. Los escritos de san Ambrosio fueron a parar al Vaticano, donde aún permanecen, de lo cual se deduce que la Iglesia no desconoce este hecho.

Algunos siglos más tarde, el historiador Procopio, que realiza interesantes investigaciones relativas al tesoro de Salomón, indica en su libro que un importante tesoro fue diseminado en esta región y que se hizo siguiendo los consejos de san Ambrosio.

Volvamos al abad Saunière

¡No olvidemos Rennes-le-Chateau! Recordemos primero la inquietante aventura del abad Saunière. A finales del siglo XIX descubrió en su iglesia dos extraños documentos procedentes de los antiguos visigodos. Intrigado y sospechando la existencia de un tesoro oculto en alguna parte, marchó a París, los hizo descifrar y comenzó poco después lo que sería su loca aventura.

El cura llevará a partir de ahí una vida mundana, con dinero fluyendo a espuertas. Mandó construir un palacete esplendoroso, la vi-

Torre Magdala, en
Rennes-le-Château.

lla Betania. Ordenó restaurar la iglesia a lo grande. Se hace traer monos desde África como ornamento de su jardín exótico. Compró terrenos, casas y encadenó amoríos. Acabó por amancebarse sin disimulo con una de las cantantes más célebres de su época, Emma Calvet. El Vaticano tomó cartas en el asunto, pero todo quedó en agua de borrajas, como si prefiriesen ignorar todo lo sucedido.

¿Descubrió Saunière un tesoro? Estamos convencidos de ello. Este extremo quedó confirmado por Marie Dénarneau, que fue simultáneamente ama de llaves y amante del sacerdote.

Las traducciones de los documentos visigóticos no daban datos precisos del tesoro oculto, pero posiblemente algunas indicaciones habían permitido al cura y a su joven compañera orientarse hacia el cementerio vecino donde comenzarían la búsqueda siguiendo elementos reveladores hallados sobre la lápida que cubría la tumba de la condesa de Hautpoul-Blanchefort. Apuntemos que Bertrand de Rochefort, sexto gran maestre de los Caballeros Templarios fue, asimismo, uno de los fundadores de la Orden de Sion, orden fundada por Godofredo de Bouillon en el año 1098.

Menudo embrollo... pero el cura Saunière no ignoraba nada de estos lazos familiares tejidos en el esoterismo de las sociedades secre-

Retrato del abad Saunière,
el cual se enriqueció de forma
misteriosa y llevó una vida
licenciosa.

tas. Por precaución, una vez descifrado el rompecabezas de la lápida, borró él mismo las inscripciones y a continuación, con la ayuda de la joven Marie Dénarneau, partió en busca del famoso tesoro. Recordaron entonces que en aquel mismo lugar, en el siglo XVII, se produjo un descubrimiento, por un joven pastor llamado Ignace Paris, halló una cripta con huesos humanos y muchas monedas de oro cuando buscaba una oveja extraviada. Cuenta la historia que el pastor, súbitamente enriquecido, fue acusado de robo, e incluso de asesinato, y que fue ejecutado sin siquiera haber podido revelar su secreto.

Con el paso del tiempo, este caso cayó en el olvido. Hasta 1892, año en que resurge el tema con los descubrimientos del cura Berenguer Saunière y su joven amante. Se encontraron monedas de oro, candelabros de oro, joyas, vajillas preciosas. Increíble; un verdadero tesoro de Alí-Babá.

Al cura ni se le pasó por la cabeza dar parte de su descubrimiento a las autoridades locales. Por eso él mismo se hizo cargo de su descubrimiento viajando a Alemania, Suiza, Bélgica y España, donde pudo vender todas aquellas riquezas. El dinero en divisas sería enviado directamente a Marie Dénarneau por medio de los servicios postales de Couiza. A partir de entonces, empezó la buena vida.

¿De dónde procedían tantas riquezas?

El tesoro de los visigodos

Los buscadores de Carcasona creyeron que quizá podía tratarse del tesoro real que, en el año 1250, la reina Blanca de Castilla, a la sazón regente y temerosa de que una revuelta de sus grandes vasallos, puso a buen recaudo en la antigua villa fortificada de Rhedae que conocía bien. Buena parte de aquel tesoro serviría para pagar el rescate exigido por los árabes que mantenían en cautiverio a su hijo, Luis IX (san Luis) en Mansura.

No creo que sea ésta la pista correcta, pues no explicaría la relación existente entre Blanca de Castilla y los documentos visigóticos vinculados al asunto, documentos del siglo VI. Sería mucho más lógico pensar que fueran monedas de oro y objetos preciosos transportados por Alarico y su ejército después de saquear Roma, riquezas que procederían a su vez de Jerusalén, del templo de Salomón. Por tanto, parece ser que buena parte de este tesoro acabaría siendo enviado a España, más concretamente a la región de Toledo. Por eso, el oro de Toledo, estaría relacionado, por mediación de los visigodos, con el famoso tesoro de Salomón.

Estas informaciones que acabo de relatar están, en gran medida, corroboradas por Noël Corbu, que trató mucho a Marie Dérarneau, la compañera del abad Saunière, por desgracia ya fallecida (el 18 de enero de 1953) y que se llevó su secreto a la tumba.

Así acabaría la historia del tesoro de Rennes-le-Château, siempre y cuando demos por buenas las peregrinaciones antedichas desde el templo de Salomón, pero quizás también habría que considerar algunas revelaciones históricas y espirituales.

El oro de los templarios

Nos consta que, aparte del tesoro de los visigodos que acabamos de relatar, existían en esta región asentamientos templarios, como el de Bezu, actualmente en ruinas, y otras que pertenecieron a los templarios de Rosellón. Entre ellos destaca las de Albédune y el de la familia de Pierre de Voisins, del que se conocía estrecha relación con la Orden del Temple. Esto nos induce a creer que, tras la disolución de la Orden, los «de Voisins» se encargaron de custo-

Caballero templario a caballo.

diar las riquezas templarias para evitar que cayeran en manos de los caballeros Hospitalarios.

Es posible que el sacerdote Saunière descubriera, en una tumba, objetos preciosos escondidos allí para salvaguardarlos de las frecuentes invasiones sarracenas. ¡Ah! Si la efigie del diablo que decora la entrada de la iglesia de Rennes-le-Chateau pudiera hablar...

Intentemos formular algunas preguntas a este demonio

El nombre de este demonio es *Asmodeo* en latín y *Aschma Daeva* en hebreo. Bastará primero con traducir su nombre (el hebreo se traduce letra a letra pues cada letra tiene un significado particular) y así obtendremos la expresión «Guardián del tesoro». Si consultamos la Biblia y otras escrituras sagradas descubriremos que Aschma Daeva era considerado como el guardián del templo de Salomón y de su fabuloso tesoro.

Creen haber hallado en Jerusalén, entre las ruinas de dicho templo, algunos fragmentos de la estatua de tan extraño personaje. Si las comparáramos comprobaríamos que ambas estatuas enmarcan el recorrido del tesoro de Jerusalén. La primera en las ruinas del templo y la segunda

El demonio Aschma Daeva en la iglesia.

en la iglesia de Rennes; siendo esta última, por supuesto, mucho más reciente, ya que data de principios del siglo XX.

Así pues, dos simbolos muy curiosos aparecen representados en este diablo:

- Una asimetría entre las dos mamas (una está más baja que la otra).
- Una costilla con un tajo de 1 centímetro en toda su longitud.

Bien pudiera tratarse de la «teta del diablo» o de la «costilla del diablo», dos lugares cercanos a Rennes que siguen acaparando el interés de buscadores que se obstinan en explorar allí creyendo que el diablo les indicará el lugar idóneo.

De hecho no identifica sólo dos pedanías, sino seis, todas equidistantes y que configuran, mediante trazos de unión surgidos de la iglesia, una estrella de seis puntas. Algunos investigadores han creído ver ahí la estrella de David señalando sobre el sello de Salomón, su hijo, el tesoro de Jerusalén traído por los visigodos. Parece ser que la historia presenta a veces extrañas coincidencias..

He tenido ocasión de dedicarle mucho tiempo a la historia de Rennes-le-Château y, más particularmente, a este curioso símbolo de seis puntas que aparentemente reúne los dos fantásticos tesoros. Pude comprobar que estas seis puntas en absoluto están situadas desordenadamente. Todas convergen: son seis vestigios templarios (la cruz templaria en las encrucijadas de caminos, capilla templaria, comandancias todavía más o menos conservadas o en ruinas, cimientos aún existentes en determinados lugares y siempre con precisión). Una o dos veces podría ser pura coincidencia, pero en un círculo de varios centenares de kilómetros, la disposición geográfica de estos puntos es demasiado matemática, demasiado mecánica para ser cosa del azar. Todo ello nos conduce de vuelta a los templarios y al papel primordial que aquellos caballeros desempeñaron en el bajo Languedoc; una «presencia» que sigue siendo uno de los grandes misterios de esta región.

¿Qué más podría contarnos este demonio?

2

El Arca de la Alianza, tesoro eterno

El Arca de la Alianza ¿qué era y de dónde procedía?

Podemos ir mucho más lejos tratando el tema del Arca de la Alianza, este cofre fabuloso depositado en el *Sancta Sanctorum* del Templo de Salomón, y cuyas dimensiones fueron reveladas a Moisés en la cima del Monte Sinaí. ¿Pero puede ser que hubiera otros muchos lugares? Algunos investigadores no dudan en afirmar que hubo cuatro lugares que pudieron albergar el arca misteriosa. Desgraciadamente nos faltan precisiones referidas a este tema.

Existe otra versión referida al tema del arca. Según san Mateo, se trataría de la fuente de todos los poderes del mundo, un santuario móvil que garantizaría la alianza de Dios con el pueblo elegido, y de ahí el nombre de Arca de la Alianza. Y cuando Mateo habla de «poder del mundo», sabios contemporáneos como Maurice Denis Papin, descendiente del ilustre inventor al que debemos el conocimiento de la fuerza elástica del vapor de agua, cree que se trata del rayo cuyo poder hacía de Moisés el mensajero de Dios.

El Arca de la Alianza sería, según estos investigadores, un cofre eléctrico capaz de producir poderosas descargas tal y como se relata en la Biblia el accidente acaecido a un tal Oza que, tras tocar con su mano el cofre, cayó fulminado.

Estudiemos el cofre. Según la tradición, fue construido con maderas preciosas y forrado de oro por dentro y por fuera; el mismo principio que el de los condensadores eléctricos; esto es, dos conductores separados por un aislante. La custodia del cofre era confiada a dos levitas que, para transportarlo atravesaban (cito textualmente): «dos bastones chapados en oro por las anillas, mientras que una corona de oro envolviendo el objeto llegaba hasta el suelo». Lo cual nos hace pensar en un efecto de conducción eléctrica con toma de tierra natural, puesto que así el condensador se descargaba sin peligro para sus porteadores. Estando, por contra, aislada, el arca refulgía con penachos de fuego, llamaradas y rayos. Si alguien la tocaba producía terribles sacudidas, terroríficas.

Traducido al lenguaje científico moderno, este cofre se comportaba igual que una botella de Leyde, esto es, un aparato de ondas negativas. Tanto es así que la ciencia moderna considera que se trataría del primer aparato de este tipo fabricado por el hombre.

Aparte de la imagen científica, el Arca de la Alianza sigue siendo un símbolo material del conocimiento humano de la naturaleza de las cosas, principio mismo del renacimiento de los seres, la energía fálica del mundo, el poder prohibido, el Gran Secreto. Símbolo de los mayores misterios de la humanidad.

La hipótesis de los extraterrestres

Tras el discurso anterior, y según opinan numerosos investigadores actuales, ¿se debería aceptar la hipótesis de la huella de una potencia extraterrestre? ¿«Gentes venidas de fuera» para borrar todo vínculo que pudiera haber entre el arca y sus constructores? ¿Sin embargo, se trataría realmente de extraterrestres?

Si en el marco de los mundos plurales cabe hoy aceptar la existencia de otras vidas superiores capaces de llegar hasta nuestro planeta, podemos también cuestionar aspectos de la célebre entrevista que mantuvo Moisés en la cima del monte Sinaí. ¿Con quién entró en contacto? ¿Con Dios? ¿O con «extranjeros venidos del exterior»?

Entrada del Arca de la Alianza en Jerusalén. Representación realizada en el año 1600 por Johann Stradanus.

Ciertamente, es ésta una cuestión delicada y puede llevarnos a toda clase de especulaciones que sería preferible evitar, pero puestos a diseccionar la historia sagrada, descubrimos que Moisés, concluido el Éxodo, no entró en Jerusalén. Nos dicen que falleció en el monte Nebo y que Dios en persona lo sepultó. Hermosa imagen, sin duda, pero cuesta imaginar a Dios con una pala cavando la tumba de Moisés como un simple enterrador. Tumba que, por cierto, jamás fue hallada.

Que los creyentes no se ofendan pues no hay mala intención por mi parte. Muchos misterios de la Biblia nunca han sido desentrañados, lo cual invita al investigador apasionado a no descartar ninguna posibilidad. Si hubieran intervenido extraterrestres y dado que Moisés, tal como hemos visto, estuvo en el origen del Arca de la Alianza ¿qué nos impide imaginar que los creadores no consideraran más sensato hacer desaparecer a quién sabía, precisamente porque sabía demasiado.

Hipótesis atrevida, lo acepto, pero que nos conduce al mismo punto de interrogación. ¿Es el Arca de la Alianza un tesoro escondido? ¿O un tesoro esotérico? ¿O un tesoro prohibido?

Concluida esta disgresión, que nos ha permitido durante unos breves instantes evadirnos del plano terrestre, considero preferible volver a la versión bíblica, que nos deparará a su vez no pocas sorpresas.

Dando vueltas a la versión bíblica

Según el Éxodo (XXV) este cofre medía ciento quince centímetros de longitud y sesenta y nueve centímetros de altura y de anchura. Era de madera de acacia, estaba chapado en oro y recubierto de una placa dorada, el *kapporet*. Dicen que debía ser transportado con la ayuda de barras que había que introducir en las anillas situadas a los lados del cofre. Según distintas fuentes, el arca contenía la vara de Aarón y las tablas de la Ley.

Hay testimonio de su presencia en Gilgal, en Sichem, en Silo antes de caer en manos de los filisteos, hasta que los hebreos la rescataron y depositaron en Qiryat-Yearim; después fue conducida hasta Jerusalén mientras el rey Salomón culminaba la construcción del templo, obra que ejecutó obedeciendo la orden dada por su padre, el rey David, rey de Israel.

Una vez concluidos los trabajos, Salomón mandó acondicionar una cámara subterránea al final de un laberinto para ocultar el Arca de la Alianza. En *Crónica:* II, 35 se narra que el rey Josías ordenó a los levitas que enterraran el arca en el *Sancta Sanctorum* del templo.

Sin embargo, el templo fue destruido primero en el año 585 a. C. por Nabucodonosor y, los caldeos y después, tras su reconstrucción, en el año 181 a. de C., por los griegos. Herodes lo reconstruyó, y lo rebautizó como templo de Herodes hasta que los romanos de Tito, en el año 70 de nuestra era, lo destruyeron definitivamente.

¿Qué sucedió entonces con el Arca de la Alianza?

Una vez más, nos tenemos que poner en la piel del comisario Maigret y trabajar con los elementos de que disponemos. Ante todo deberemos constatar que los libros de historia no vuelven a hablar sobre el arca, que se supone desaparecida tras la destrucción del primer templo en el año 585 a. C. Jeremías la debió transportar en secreto y la ocultaron en una gruta del monte Nebo.

En cambio, existe otra pista si tenemos en cuenta que el Arca de la Alianza pudo haber sido robada antes de la primera destrucción del templo, esto es, bajo el reinado de Salomón, pocos años después de su depósito en el *Sancta Sanctorum*. Esta pista merece ser tenida en cuenta, aunque sólo fuese por divertimento.

La reina de Saba, como es sabido, procedía de un modestísimo reino de Etiopía y fue una de las muchas concubinas del rey Salomón, aunque seguramente fuera la más célebre. Tuvieron un hijo fruto de esta unión, pero Salomón lo ignoró hasta el día en que esta paternidad le fue revelada, pero este hijo mestizo, Menelik, tras ser bien recibido y homenajeado por su padre con los honores de rigor, manifestó su deseo de regresar a Etiopía. Inmediatamente después de su partida fue constatada la desaparición del Arca de la Alianza. Según cuentan algunos investigadores, esto causó gran cólera y mucho dolor al rey Salomón. Otros sostienen que se trataba de una maniobra destinada a sustraerla de la codicia de los ejércitos babilonios, romanos o similares. También podría ser.

Sea como fuere, sigamos el itinerario

Los raptores pasaron por Gaza, alcanzaron el monte Sinaí, descendieron por la ribera occidental del Mar Rojo y fueron siguiendo el Nilo hasta el lago Tana de Abisinia para después bordear otro río que baja hacia el sur, hasta Lalibela, a 400 km del lago. Allí habían varias islas, pero es posible que escogieran la de Tana Kircos para depositar el arca, al aire libre, o simplemente cubierta por una lona. Este era un lugar llamado Debra Mekeda, de-

Reconstrucción hipotética del Arca de la Alianza según la descripción de la Biblia.

nominado también «Montaña de la reina de Saba» y Debra Schel «Montaña del Perdón». Cuenta la tradición que el arca permaneció allí durante 800 años.

Antiguas escrituras, entre ellas el Talmud, aseguran que una réplica la sustituyó durante algún tiempo en su emplazamiento original. Cabe contemplar la posibilidad de que a continuación hubiese habido confusión –o sustitución intencionada– y que el arca que actualmente buscamos no sea sino una copia de la auténtica, permaneciendo esta última en manos de usurpadores o sectas corruptas y entregadas a fines políticos, terroristas y demás.

Esta posibilidad no parece descabellada teniendo en cuenta que el arca depositada en Etiopía –sin que nadie sepa por qué– hizo aquel recorrido de vuelta hasta Jerusalén para la construcción del tercer templo según se deduce de la leyenda de *Ghribah la Solitaria*.

¿Pudo haberse quedado allí? Lo dudo. Pero si así fuere, recordemos que la sinagoga de Ghribah quedó completamente devastada por un atentado en el año 2002. ¿Un kamikaze bien intencionado destruyendo el Arca de la Alianza con una bomba? ¡Esto sería llevar demasiado lejos la irresponsabilidad religiosa!, pero visto lo visto...

Otra versión afirma que unos arqueólogos israelís habrían localizado el arca en un pasillo derruido bajo el emplazamiento del antiguo templo, pero que las autoridades musulmanas, propietarias del terreno, vetaron su exploración. Las acusan incluso de haber obstruido voluntariamente el túnel de acceso que conduce al símbolo bíblico. ¿Tesoro oculto?

Volvemos a formular la pregunta. ¿De cuál de ellas se trata? ¿De la original o de la copia?

Replanteamos esta misma pregunta, pero de vuelta a Jerusalén, al emplazamiento del primer templo, donde el cofre sagrado quedó depositado en el *Sancta Sanctorum*. En la época en que aparecen en escena los templarios.

Sigamos el curso de la historia. Transcurridos apenas veinte años desde que Godofredo de Bouillon fundara el reino cristiano de Jerusalén, en el año 1118, nueve caballeros cristianos conducidos por Hugues de Payns llegan hasta allí para cumplir la misión de garantizar la seguridad de los peregrinos y de los viajeros que comple-

En uno de los capiteles de
la nave principal de la
catedral de Chartres puede
observarse, a la izquierda,
el Arca de la Alianza.

tan su peregrinar hasta el Santo Sepulcro. Cuando los nueve caballeros llegan para quedarse en Jerusalén, Balduino II les concede
aposento debajo del emplazamiento del antiguo templo de Salomón
destruido por Tito. Los templarios permanecerán allí durante
mucho tiempo y podrán dedicarse a investigaciones que seguramente se traducirán en hallazgos.

   ¿Descubrieron los templarios el Arca de la Alianza a resultas
de sus excavaciones en el templo?

   ¿La ocultaron luego bajo la catedral de Chartres, enclave templario de primer orden? Debajo de uno de los capitales de esta catedral, podemos ver una extraña escultura que representa el Arca
de la Alianza sobre ruedas. ¿Representación de su traslado por parte de los templarios mediante uno de los carros utilizados por las
gentes de Moisés durante el Éxodo? Se dice que fue el gran maestre Hugues de Payns en persona quien trajo el Arca de la Alianza
hasta Francia en el año 1128. Por supuesto, la pregunta queda ahí.

Detengámonos a hechar detenidamente un vistazo más detenido a esta escultura que representa el Arca de Alianza sobre ruedas. Este cofre, según la Biblia, quedaba suspendido en brazos de serafines mientras se engarzaban las barras de madera en las anillas para transportarla. Dejarlo descansar sobre ruedas era un sacrilegio. Entonces ¿por qué representar el arca de Chartres sobre un carro? ¿Para recalcar que los templarios no disponían de ningún otro medio de transporte?

Resulta muy difícil contestar a esa pregunta. Chartres es un libro de piedra que hay que saber leer, pero desgraciadamente hemos perdido esta noción y los libros de piedra procedentes de la Edad Media están redactados en un lenguaje que ya no comprendemos.

Últimas informaciones

Una tesis reciente, de origen diplomático, pretende demostrar que han existido unas transacciones secretas entre agentes del Mosad israelí y dirigentes del gobierno etíope referentes al regreso a Israel de unos 70.000 judíos procedentes de aquel país.

Israel, al asumir la repatriación de estas personas, habría obtenido como contrapartida la devolución del Arca de la Alianza. Esta repatriación, inconcebible por via terrestre, fue llevada a cabo por avión en una operación denominada «alfombra voladora» que duró seis semanas. A bordo de los aviones de transporte habían varios israelitas de la tribu de Leví para sostener en sus espaldas la misteriosa Arca de la Alianza.

Esta repatriación parece se llevó efectivamente a cabo y los judíos etíopes recién llegados fueron alojados en autocaravanas mientras obtenían algún empleo, pero no hubo informaciones relativas al Arca de la Alianza, dado que el gobierno israelí no hizo comentario alguno sobre el particular. No obstante, esta noticia parece haber incitado a muchos judíos exiliados a regresar a la tierra de sus padres, y muy particularmente los judíos mesiánicos, que ven en el regreso del Arca de la Alianza un signo precursor del retorno del mesías.

Sin embargo, sigamos siendo prudentes. Desde una perspectiva místico-religiosa, el valor talismánico del arca podría representar una idea de cólera y agresión para quienes la tuvieran en su poder y sus intenciones fueran parecidas a las de un Hitler o un Bin Laden. Aparece aquí la imagen eterna del anticristo, siempre en busca de poder y de protección espiritual. El Arca de la Alianza, quizá el mayor tesoro del mundo, otorgaría poder casi divino a quien la tuviera en su poder...

Recordemos que Hitler, con su Anschluss –ocupación relámpago de Austria– quería apoderarse en Viena de la lanza que hirió a Cristo en el costado, reliquia custodiada en el palacio de Hoffburg. En cuanto Hitler se apoderó de ella la llevó a Nuremberg, donde fue celebrada y admirada por los dirigentes nazis. Quizás veían en este «tesoro» su propia invulnerabilidad y su poderío eterno. Lo mismo que sintieron otros ante el «cofre sagrado».

Busquemos el Arca de la Alianza con el Eterno, dijo Samuel (4, 3), para que quede entre nosotros y nos libre de la mano de nuestros enemigos.

Aunque la misma pregunta quede sin respuesta: ¿era el arca auténtica o bien una copia de la original?

3

En busca de El Dorado

Todo empezó con Cristóbal Colón

Cuando Colón llegó a la isla del Salvador, descubrió que el oro estaba presente en todos los pueblos indígenas. Tras él vinieron Américo Vespuccio, Rodrigo de Batista y Yáñez Pinzar, que llegaron a la misma conclusión explorando las costas de Panamá y la costas septentrionales de América del Sur. Núñez de Balboa, descubridor de la «gran mar del sur» (el océano Pacífico) escribirá una carta al rey Fernando el Católico para comunicarle que había descubierto países donde el oro «no tiene más valor que el hierro». Era el año 1513.

A partir de ahí las cosas se precipitarán. En 1515 el gobernador de Cuba, Diego Velázquez, decide enviar a Hernán Cortés a México y éste, al mando de un centenar de hombres, y con la ayuda de tribus enemigas de los aztecas saqueará, masacrará y se apoderará de Tenochtitlán, ciudad que hoy conocemos como México Distrito Federal.

Así fue como el tesoro de Moctezuma llegó a España, acontecimiento que desencadenará una «locura del oro» que examinaremos aquí. Esta locura conllevaría al hallazgo de otros tesoros, bañados en sangre todos y cada uno de sus quilates.

En 1530, Carlos V envía a Francisco Pizarro desde España a Perú al mando de 180 hombres y 30 caballos. Los caballos sembra-

Calendario azteca que se expone en el Museo Nacional de México, descubierto por los primeros colonizadores.

rán el pánico entre los incas, que nunca habían visto criaturas como aquellas. Pizarro secuestró al emperador inca Atahualpa y los conquistadores se apoderaron del metal precioso que tanto abundaba; baste decir que el trono del emperador era de oro macizo.

El tesoro de los incas

En algún lugar de su territorio, quizás en varios lugares, los incas lograron amasar un fabuloso tesoro que fue la causa de su perdición. Al igual que los aztecas en México, los incas esperaban la venida de un dios blanco, Viracocha, y con él llegaría el fin de los tiempos. En 1531, supieron aterrorizados que un blanco barbudo había llegado por mar. Aquel hombre se llamaba Francisco Pizarro.

Eran momentos delicados para los incas, cuyo imperio se hallaba debilitado por la guerra civil y sacudido por la predicción del regreso del dios Viracocha. Añádase a todo esto el terror que les provocaban las armas de fuego. La batalla duró sólo una hora, pero aquella hora supuso el derrumbe inexorable del imperio inca.

Acto seguido y sin tener el más mínimo escrúpulo, los conquistadores españoles se embarcaron en la búsqueda del fabuloso tesoro de los incas, tesoro que nunca llegaron a descubrir. Como si pesara una maldición sobre este oro, Pizarro fue una de las primeras víctimas de esta codicia. Luego la maldición recayó sobre su hermano y sus lugartenientes... y sobre muchos otros que les siguieron.

Guerreros incas del altiplano peruano.

Sin embargo, esto no desalentó a los españoles. La explotación de este metal precioso y de las minas de plata garantizaría a España los recursos necesarios para las desmedidas ambiciones de Felipe II y de Carlos V, aún estando este último gravemente endeudado con los banqueros alemanes de Aughburn.

El hombre de oro

Paradójicamente, un alemán llamado Ambrosius Ehinger fue el primero en lanzarse a la aventura del descubrimiento de un reino cuyo soberano, siguiendo un rito misterioso, se cubría el cuerpo con polvo de oro. Le llamaban El Dorado, el hombre de oro cuya leyenda permanece viva.

Sin embargo, ¿se trata realmente de una leyenda? Ehinger falleció en la Amazonia sin haber hallado el oro que buscaba. Poco después, dos españoles (Diego de Ordaz y Alonso de Herrera) se aventuraron tras sus huellas, pero también fallecieron misteriosamente. El oro maldito no perdona a nadie, pero la cosa no había hecho más que comenzar.

Dos figurillas de oro de origen inca que representan a un hombre y a una mujer.

Los alemanes no abandonaron sus pesquisas y un tal Welser exploró la cuenca del Orinoco. ¿Estaría allí?, ¿estaban a punto de descubrir aquel El Dorado y sus minas de oro? La aventura continuaría con los españoles Pedro de Lugo y el septuagenario Jiménez de Quesada, que hicieron frente a los temibles indios chilchas y alcanzaron al lago sagrado de Quatavita, donde estaban convencidos que se bañaba aquel soberano con el cuerpo untado con polvo de oro.

Actualmente abundan las informaciones sobre el tema de El Dorado. Nos cuentan que aquel hombre era una especie de semidiós, algo parecido al caso del Dalai Lama. El día del sacramento, el ritual exigía que, completamente desnudo y adornado con gran cantidad de joyas, lo cubrieran con polvo de oro de la cabeza a los pies.

Se trataba de un acto político y religioso destinado a la consagración de un nuevo Zipa, el rey de Bacatá (la actual Bogotá), para quien el pueblo confeccionaba ricas vestimentas, los manjares más suculentos, e iniciaba una fiesta al son de flautas y tambores. Luego se formaba una procesión, al rayar el alba, y el palanquín donde se hallaba el Zipa se dirigía hacia la barca real. El rey descendía pisando las capas que los guerreros habían arrojado ante él. A continuación el monarca subía sobre la barca y dejaba caer su capa roja presentando al pueblo su cuerpo desnudo completamente cubierto de polvo dorado.

Todos podían escuchar las plegarias y, al salir el Sol, el soberano lanzaba un grito de alegría atronador que la muchedumbre coreaba al unísono. Cuando llegaba al centro del lago, tiraba todas las ofrendas que le habían entregado a los demonios de las profundidades mientras la muchedumbre seguía jaleando con alegría. El Dorado volvía después a su palacio que era también su cárcel, y su tumba, un lugar donde jamás penetraba un rayo de luz. En el exterior, la fiesta proseguía en una embriaguez absoluta.

Esta es la leyenda de «El hombre de oro», leyenda que despertó la codicia de conquistadores y de aventureros de toda ralea en busca de tesoros fabulosos.

La ciudad perdida

Hay casos todavía más fantásticos. A propósito de los incas, algunos buscadores no descartan la posibilidad de la existencia, en nuestros días, de incas que sobrevivieron a la exterminio hispano capitaneado por Pizarro. El eminente arqueólogo Veril, fallecido en 1964, no hablaba a la ligera cuando señalaba la existencia de una ciudad de El Dorado (termino que actualmente designa un país) y que se hallaría en una quebrada de difícil acceso de la cordillera de Los Andes. Seguiría estando habitada y no aceptaría la entrada de extranjeros con intenciones impuras. Una vez más, ¿leyenda o realidad?

En los espacios inexplorados de la Amazonia, permanecería oculta una civilización ignorada, depositaria de un tesoro fabuloso. Estos lugares ya fueron objeto de múltiples expediciones –a partir de la década de 1520, antes de la llegada de Pizarro a Perú–, centradas en el descubrimiento de la ciudad mítica de Manoa, que suponían se hallaba en la cuenca superior del Orinoco, en la sierra Parima, a orillas del lago del mismo nombre (según el cartógrafo Théodore de Bry).

Esta ciudad –Manoa– fue descrita por el cronista Francisco López en su Historia general de los Incas: *«Sus muros y sus tejados de oro se reflejaban en un lago empedrado con oro. En medio de la isla se erguía un templo consa-*

grado al Sol. A su alrededor había estatuas de oro que representaban a gigantes. Había también árboles de oro y de plata y la estatua de un príncipe recubierta de polvo de oro». Y añade: «Allí se hallan también extraños ídolos esculpidos por artistas divinos o satánicos, inmortales, venidos desde la lejanía, desde el este, para refugiarse en estos países después de sobrevivir a espantosos cataclismos».

¿Posible alusión a la Atlántida, aquel misterioso continente desaparecido en tiempos prebíblicos?

Se organizaron expediciones internacionales durante los últimos años para descubrir la ciudad perdida. Entre las cuales destaca la de Jacek Palkiewicz, en 1996, y a la que debemos la localización de las fuentes del Amazonas, cuya ubicación había sido objeto de polémicas hasta entonces. Capitales privados peruanos, italianos, polacos, rusos y brasileños financiaron todas estas expediciones cuya meta no era precisamente el oro, sino la incorporación del mito de El Dorado a la realidad.

Si creemos la versión de Mario Polia, de la Universidad Pontificia del Vaticano, la existencia de El Dorado no deja lugar a dudas. Este arqueólogo se basa en viejos documentos inéditos, que forman parte de los archivos vaticanos y cuya publicación se realizará en breve.

La búsqueda de la ciudad perdida no está exenta de riesgo

Muchos exploradores han desaparecido en la jungla amazónica y desconocemos incluso, según el gobierno peruano, el número de autóctonos residentes en este lugar del mundo. Las desapariciones de algunos científicos han sido frecuentes desde que se produjo la de Percy Fawcett, aquel coronel inglés que desapareció sin dejar huellas en 1925.

Fawcett creyó haber descubierto una cámara oculta que posibilitaba el acceso a un «reino subterráneo» en la región de Madre de Dios, pero él no fue el único que tuvo esta idea. Un manuscrito portugués del siglo XVII nos cuenta que un puñado de aventureros partieron en busca de minas de oro y diamantes en aquella región. Algunos murieron, al igual que sus esclavos, antes de alcanzar los

Brazalete de oro macizo, similares a otras de las miles de piezas que conforman el tesoro de los incas.

yacimientos, pero los supervivientes habrían descubierto, una noche, en plena jungla, una ciudad inmensa con edificaciones de mármol púrpura y completamente desierta.

Sin embargo, también se habla de indios feroces cuya misión sería la custodia de esta ciudad legendaria, de animales estraños, desconocidos, y de vestigios de oro cuyos orígenes se remontan a épocas prehistóricas.

Muchas expediciones –japonesas, estadounidenses...– intentaron desentrañar los secretos de esta región, pero ninguna regresó. A principios de la década de los setenta le tocó el turno al antropólogo noruego Lars Hafksjold, que también desapareció sin dejar rastro.

¿Quiénes son estos indios del mundo prohibido?

Algunos investigadores afirman haber hallado en estos parajes indios blancos de cabellera pelirroja que huyeron cuando se les acercaron. ¿Eran positivamente indios? Permítanos dudarlo, pero entonces ¿quiénes son estos extranjeros que pueblan las selvas amazónicas? Sea como fuere, cabe añadir que es sumamente arriesgado efectuar exploraciones de aquella región.

¿Merece algún crédito esta maldición que protegería secretos procedentes de la noche de los tiempos; secretos que pertenecerían a civilizaciones originarias de continentes desaparecidos y que no estarían completamente muertas?

Una conclusión se impone

La leyenda forma parte en buena medida de la existencia de estas ciudades míticas en las que abundaban riquezas ocultas en escondites inaccesibles al común de los mortales. Incluso si consideramos que el «rey dorado» nunca existió, como no existieron el palacio de pórfido y las montañas de oro que describió el navegante Walter Raleigh tras su expedición a los confines del imperio inca, ni territorios ocupados por tribus del amazonas con el pecho cortado..., pero no por ello cabe deducir que el tesoro de los incas jamás existió.

Quizás fuera el tesoro más colosal que jamás haya existido. Resultaría imposible calcularlo por las cifras ingentes que supondría, pues estaríamos hablando de miles y miles de millones. Un tesoro compuesto por oro en bruto, oro labrado y objetos de culto, acumulado por generaciones y generaciones incaicas y preincaicas de Cusco, Machu Picchu y el lago Titicaca.

¿Se trata realmente de una leyenda cuando nos cuentan que en una de las islas del lago Titicaca había tal profusión de oro que era posible construir un templo con este único material? Sea como fuere, no cabe la menor duda que este oro acumulado a lo largo de veinte generaciones existió. Tras la intervención de Pizarro y los conquistadores, dicen que los incas, horrorizados por tantas masacres y tanto terror, y sabiendo que lo que querían los españoles era su oro, arrojaron todas sus riquezas al lago Titicaca. Allí se encuentran todavía, a cerca de doscientos metros de profundidad, pero no disponemos de los medios necesarios para la prospección de esas aguas y la localización de este fantástico tesoro recubierto por el limo.

Los españoles nunca hallaron este tesoro. Lo cual induce a pensar que hoy pertenece a la leyenda y al mundo de los soñadores, pero la realidad dista mucho de ser así: oro, piedras preciosas y plata pura fueron descubiertos por otros adelantados. Algunos eran descubridores de nuevas tierras para su soberano, pero también hubo aventureros por cuenta propia.

Estamos hablando de riquezas fabulosas, transportadas mediante galeones hacia España, y que despertaron la codicia de otros aventureros, franceses, ingleses y holandeses. Marineros que se convirtieron en los bandidos más temibles de aquella época, bajo el calificativo de piratas y corsarios. Su historia será tratada en el capítulo siguiente.

4

El tesoro de los piratas

¿Dónde se hallan estas riquezas fabulosas?

Todos hemos soñado alguna vez, en nuestra primera juventud, que partíamos a la conquista del Caribe, siguiendo las huellas de los piratas de *La isla del tesoro,* de Robert L. Stevenson, escrita en 1883, de Barbanegra y del capitán Garfio, de aquellos grandes asaltantes de las rutas marítimas con patas de palo y parche en el ojo, cuyos botines descansan todavía en el fondo del mar, frente a las costas de la isla de la Tortuga, de Guadalupe o de Jamaica.

¿Desea usted, amigo lector, revisitar aquellas rutas conmigo? Bastará con hacer un gran salto en el tiempo y permitir que nos lleven de vuelta a la época de los conquistadores, cuando los grandes galeones viajaban atiborrados de oro, de piedras precioas y otros objetos de valor; plata, tintura de cochinilla, caoba, madera de Campeche, tabaco, cacao, vainilla, bálsamo de Perú, sin olvidar el fructífero tráfico de esclavos.

Muchos naufragaron por causa de grandes temporales o fueron hundidos por otros piratas tras ser abordados en una vorágine de garfios, estallidos de cañones y mástiles derribados. España era considerada en el siglo XVII como la nación más rica del mundo, dado que los territorios que había conquistado en América atesoraban riquezas fabulosas. Los galeones españoles transportaban

Galeones y carabelas en tiempos de la conquista española.

aquellos tesoros hacia España, pero a veces eran apresados por navíos piratas ingleses, holandeses y franceses, ya que Francia también jugó un papel destacado en la piratería.

Piratas y filibusteros vigiliban incesantemente el oro y la plata procedentes de Perú y de México, las esmeraldas de Colombia y las costas de Venezuela. Conocían perfectamente las ciudades por las que transitaban aquellas riquezas: Veracruz, Panamá, Maracaibo, Cuba y las islas de Guadalupe. Según las estadísticas, sólo dos terceras partes de los metales originarios de las colonias llegaron a España. El resto sigue estando bajo el mar.

El oro de Perú, de México y las Indias Occidentales, tantas riquezas que siempre fascinaron a los hombres y siempre suscitaron la codicia de los descubridores. Gente que vino a plantar sus banderas en tierras lejanas prácticamente indefensas y expuestas al expolio de las naciones europeas. Cortés, Pizarro y demás aventureros españoles destacaron, como es sabido, en esta fabulosa «carrera en pos del tesoro».

Corsarios, piratas, filibusteros y bucaneros

Antes de proseguir, considero conveniente aclarar las diferencias existentes entre piratas y corsarios.

El corsario actuaba siempre en nombre del rey, que le reconocía como fuerza militar exterior. Si era capturado, la «la patente de corso» de que disponía, le evitaba la soga; siempre y cuando no hubiera saqueado y asesinado como un pirata cualquiera durante su misión oficial, cosa bastante frecuente, pero cuando actúa con lealtad hacia su país, tiene derecho a una parte del botín. Para definirlo mejor, digamos que era una especie de mercenario que ofrecía sus servicios al mejor postor. Sucedía incluso que un corsario se hacía tránsfuga y pasaba de estar al servicio de un príncipe a ponerse a las órdenes de otro príncipe rival aun respetando las leyes marítimas de la época. Por otra parte, un corsario no siempre era propietario de su barco. A veces había sido fletado por un armador, que tennía derecho a percibir parte de un botín cuya cuantía calculaba en base al valor del navío. El pirata, por el contrario, trabajaba por cuenta propia. Es un simple particular, que saquea, mata y extermina a su aire para apoderarse de un botín cualquiera. Si era apresado lo ahorcaba «alto y corto» según la expresión de la época (*alto* para que todos lo vean y *corto* para ahorrar soga). Los piratas eran aventureros sin escrúpulos, que huía de la miseria o de la justicia de sus países de procedencia. Se aposentaba en las pequeñas islas de las Antillas y atacaba naves y ciudades españolas en América Central.

Existen ligeras diferencias entre filibusteros y bucaneros con respecto a los anteriores. Los filibusteros eran básicamente corsarios que combatían a los españoles. Instalados en las Antillas, eran célebres por su astucia y su crueldad. Sentían un profundo respeto hacia sus capitanes y castigaban el robo o la traición severamente. El significado etimológico de filibustero es «libre acumulador de botín».

Los bucaneros* no eran más que filibusteros que trataban mediante el ahumado las carnes de animales, pero no sólo lo hacían para su propio consumo, sino que también intercambiaban la carne así conservada por pólvora, armas y ron. Este procedimiento de conserva lo habían aprendido de los indios canibales, que cortaban a sus prisioneros en pedazos y los cocían y ahumaban sobre las brasas de enormes hogueras. Añadiremos como curiosidad que llamaban «barbacoas» a estas grandes piras, palabra que por deformación se convirtió en «barbecue». Por tanto, amigo lector, si tiene usted una «barbacoa» en casa y la utiliza, estará ejerciendo usted de «bucanero»...

---

* *N. del T.* El término «bucanero» procede de *boucanage* que en francés significa *ahumar*.

Hombres y riquezas fabulosas

Cristóbal Colón padecía la «fiebre del oro»

En el siglo XV, el afán por hacerse rico era uno de los sueños irrealizables para muchos, uno de estos soñadores era Cristóbal Colón, (1451-1506). Los libros de historia, las publicaciones infantiles y el cine siempre nos han mostrado a Colón como un gran navegante a la par que hombre de honor, escrupuloso e imbuido de buena fe, cuando la realidad es muy distinta.

Colón era, ante todo, un devoto marino que desvió su rumbo en varias ocasiones durante su primer viaje a San Salvador. Esto provocó malestar entre la marinería y un conato de amotinamiento que fue inmediatamente reprimido. Lo presentan también como un perjuro, un imprudente, un bribón; como persona de mala fe y como antiguo traficante de esclavos.

En su cuaderno de bitácora de la Santa María sólo habla del oro que va a buscar en las islas donde recala. El oro se irá convirtiendo en enfermedad. El genovés habla del oro como la cosa «más deseable del mundo», según sus propias palabras. En absoluto le importa el descubrimiento, pues lo que busca en cada uno de sus viajes es oro. Oro y piedras preciosas.

Este era el verdadero estado de ánimo del hombre que tanto admirábamos en los pupitres escolares.

Retrato de Cristóbal
Colón hacia 1525.

Hablemos de Barbanegra

A tal señor, tal honor: lancémonos ahora a la aventura de la mano de Barbanegra, su verdadero nombre era Edward Teach y era natural de Bristol. Con él pasamos de las Antillas al océano Pacífico. Allí muchas islas eran reputadas por albergar tesoros increíbles. Barbanegra sólo hundía como último recurso los barcos ingleses y españoles que abordaba, pues prefería adueñarse de galeones y corbetas cuyos preciosos cargamentos conocía de antemano. Aquellos barcos capturados, sobre todo cuando eran bajos y finos, podían ser útiles gracias a su escaso calado, sobre todo cuando había que navegar entre escollos en aguas poco profundas.

En el extremo del mástil... ¡la bandera negra!

Si la bandera verde simboliza rebelión y fue empleada con frecuencia por piratas franceses e ingleses, la bandera negra con la calavera quedará eternamente como divisa de los piratas ingleses desde que irrumpieran en todos los mares del globo terrestre.

En cuanto aparecía una nave en su campo de visión, los ingleses izaban el pendón negro y el ataque comenzaba. Los cañones entraban en acción y las balas impactaban sobre el navío sembrando el pánico entre la marinería y los pasajeros. Estos últimos corrían a refugiarse en el entrepuente... ¡demasiado tarde!

¡Al abordaje!

La táctica era siempre la misma. El barco pirata se acercaba a su presa mediante una maniobra que impedía cualquier escapatoria al galeón acorralado. Este último carecía de armamento que le permitiera sostener un combate. El tumulto y la confusión reinaba a bordo cuando los primeras balas de cañón acopladas (unidas entre sí mediante cadenas cortas) impactaban contra los mástiles y los derribaban. Luego volaban balas de cañón en andanadas y calentadas al rojo vivo, cuyos impactos producían astillas que herían y mataban a los hombres de la tripulación.

A veces emplean granadas de mecha, construídas con vasijas de cerámica llenas de pólvora negra y metralla cuya explosión sembraba fuego y muerte entre la tripulación. Las llamas se extendían por el puente mezclándose los aromas de especias y de tabaco con el perfume del oro fundido mientras se formaban sobre las aguas manchas incandescentes.

Amarres y mástiles se desplomaban arrastrando consigo el velamen desgarrado en medio de gritos y se oían los aullidos cargados de blasfemia de los piratas sedientos de oro y de sangre. ¡Al abordaje! Los cascos de las naves entrechocaban y los garfios volaban. Los piratas descalzos, hábiles como monos, se lanzaban al combate armados con sables, grandes cuchillos y pistolones de pedernal.

En medio de la matanza, aparecía Barbanegra

Muchos relatos narran cómo Barbanegra hacía su aparición: armado hasta los dientes, envuelto en una nube de humo (obtenía este efecto insertando pequeñas antorchas de azufre en su tricornio). El efecto sorpresa quedaba multiplicado por los largos lazos trenzados que surgían de su sombrero. Podemos imaginar el pavor

Con el pelo encendido para intimidar a sus amigos, el malcarado pirata, conocido como Barbanegra, asoló las costas de las Indias occidentales.

Representación de un combate naval. Óleo de la escuela holandesa del siglo XVII.

que producía con ese aspecto a la vez grotesco y diabólico, bastaba para que los piratas se adueñaran completamente de la nave atacada. Heridos y muertos eran lanzados por la borda. Marinos y pasajeros cuyas vidas pudieran valer un rescate ante las autoridades inglesas o españoles de la región eran hechos prisioneros. En caso contrario eran asesinados o enrolados por la fuerza en la tripulación de Barbanegra.

Las mujeres recibían un trato especial. Antes de ser abandonadas en cualquier ribera, debían participar en los festejos pues cada apresamiento debía ser celebrado por piratas, corsarios y filibusteros como corresponde en todas las victorias.

Mujeres, baile y alcohol

Esto solía suceder en tierra firme. El ron fluyendo a raudales; ellos cantando y bailando alrededor de sacos llenos de doblones, de piedras preciosas, de onzas de plata. Estas celebraciones están en el origen de la famosa danza de la «pata de palo», que aún siguen celebrando en la República Dominicana en señaladas ocasiones. No en vano cuenta la leyenda que sobre bases rítmicas afrocubanas, los bucaneros con prótesis de madera fueron los primeros que bailaron dando vueltas alrededor de su pierna tiesa. Y es que las tradiciones contienen siempre un fondo de verdad.

Los piratas son famosos por los tesoros que ocultaron en lugares inaccesibles. La reputación de los filibusteros, por contra, radica en su afición por dilapidar en cuestión de días las fortunas obtenidas en fiestas orgiásticas donde las mujeres desempeñaban un papel primordial.

Filibusteros y demás ralea semejante no eran sujetos proclives a almacenar tesoros; porque sabían que no llegarían a viejos para disfrutar de los botines obtenidos en tales empresas. Juego y mujeres formaban parte de sus diversiones. Pese a que excepcionalmente algunos regresaran enriquecidos a sus países de origen para llevar vidas apacibles como respetables burgueses. También excepcionalmente hubo quienes se casaron con isleñas para terminar sus días en lugares paradisíacos tras vivir como unos auténticos señores.

Los seguidores de Barbanegra orientan, en la actualidad sus búsquedas a lo largo de las costas de Carolina del Norte y Virgina, sobre todo en los alrededores de Charleston y Beaufort, basándose en cuadernos de bitácora procedentes de archivos públicos y relatos de varios marineros.

¿Mintió el compañero de Barbanegra?

Parece ser que un tal Phil Masters, conocido investigador especializado en la búsqueda de barcos naufragados, afirma haber descubierto un papel con informaciones obtenidas de un antiguo compañero de Barbanegra. Detenido en octubre de 1718, declaró por escrito todo lo que sabía en relación al tesoro de Barbanegra. Señala incluso el lugar exacto donde naufragó el *Queen Anne's Revenge,* el célebre navío del pirata, un lugar situado a menos de dos kilómetros de la costa de la bahía de Beaufort.

Al cabo de 8 años de paciencia y búsquedas infructuosas Phil Masters descubriría los restos de un barco naufragado sobresaliendo de un montículo de arena. ¿Pero de qué barco se trataba?

La búsqueda se complicaba por el hecho de que otros barcos se hundieron por aquella zona: el *Ed Salvador* en 1750, el *Savannah* en 1753, el *Betsy* en 1771 y el *Polly* en 1791.

Otros, basándose en rumores ambiguos, exploraron las costas de Virginia y de Carolina del Norte. El mismísimo gobierno de Estados Unidos había enviado en 1942 algunos especialistas hasta la isla de Banks, situada al este de la bahía de Smuttynose. Los trabajos se reanudaron en el año 1950 con tomas aéreas, películas de infrarrojos, sonares, radares, etc., pero jamás descubrieron cosas importantes. Sólo pudieros subir a bordo unos pocos objetos, como cañones, anclas, balas de cañón e incluso una campana. ¿Podemos tener la certeza de haber descubierto los restos del *Queen Anne's Revenge*? Y aunque tal cosa fuera cierta... ¿qué fue del tesoro? Nos consta que antes de su muerte, Barbanegra fue sometido a un interrogatorio para que dijera dónde había escondido su tesoro. Contestó riéndose a carcajadas: «Sólo yo y el diablo sabemos dónde se halla el tesoro... ¡y el diablo se lo quedará todo!»

Considero que el compañero de Barbanegra sencillamente ocultó la verdad. En aquellos tiempos se decía que los piratas no siempre llevaban consigo sus preciados botines, ya fuera por prevenir un eventual motín a bordo, ya por miedo a ser atrapados por los barcos que les seguían el rastro para eliminarlos, o también por miedo a las baterías costeras que les acosaban cuando se aventuraban en un paso estrecho o en un canal.

Sus tesoros quedaban a menudo escondidos en algún lugar secreto y los planos que detallaban su emplazamiento fueron objeto de investigaciones minuciosas.

Los piratas establecen sus fortines en el mar de las Antillas

Punta de Manabique

Punta de Manabique, en las aguas del golfo Dulce, era una referencia primordial de los «grandes buscadores de oro». El fortín que protegía el acceso fue destruido varias veces por los piratas que atacaban las naves españolas. Actualmente este castillo está declarado monumento nacional y se cree que muchos tesoros siguen existiendo a lo largo de las playas desiertas de Punta Manabique.

Navío corsario embistiendo a un galeón para apoderarse de su carga.

Lugar estratégico para los piratas que interceptaban las naves comerciales españolas, las Antillas fueron rebautizadas como «las islas del Perú»; sus principales bases fueron la célebre isla de la Tortuga y Haití (conocida antiguamente con el nombre de «la Española») donde podemos aún contemplar los restos del fuerte de la Roche, testigo de una época en la que piratas y filibusteros se disputaban sus presas.

La isla de la Tortuga

La isla de la Tortuga desempeñó un papel de primer orden en esta carrera en pos de los tesoros. Se cree que debe su nombre a Cristóbal Colón, por su parecido con la concha de una tortuga, pero una versión alternativa narra la intervención del célebre pirata Long John Silver, cuyo verdadero nombre era J. Stenson, que fue el primero en descubrir en esta isla gran cantidad de oro y plata. Dice la leyenda que atravesó aquella isla a lomos de una tortuga y de ahí el nombre de la isla.

Años después, la isla de la Tortuga, situada a tan sólo 10 km de Haití, se convertiría en puerto franco para los aventureros franceses denominados filibusteros. Esta idea se le ocurrió a un tal Le-vasseur, que concedió autorización a los filibusteros para que saquearan y arrasaran los navíos españoles sorprendidos en alta mar o que intentasen hacer escala.

A partir de 1648, los franceses, en guerra con España, fueron los únicos que concedían patentes de corso para combatir y despojar de sus cargamentos a los barcos españoles.

La idea era buena, dado que las colonias de Inglaterra y de los Países Bajos, establecidas en las costas norteamericanas, no tardarían en reproducir a su vez estas prácticas, reforzándose con ello en el mar de las Antillas el poderío marítimo de los filibusteros. A principios del siglo XVIII, estos aventureros se convertirían más tarde en preciados auxiliares de las escuadras reales que se cruzarán en su camino por este lugar del globo.

Sin embargo, las cosas no fueron tan sencillas...

Mientras tanto, el marqués de Maintenon, nombrado comandante en jefe en Santo Domingo, intentaría por su cuenta competir con la isla de la Tortuga, enclave estratégico de los piratas franceses e ingleses (cuyas relaciones eran cordiales pese a que Francia e Inglaterra estaban en guerra). Algo muy comprensible si tenemos en cuenta que su enemigo común, la presa por antonomasia, era... el español.

Reacciones oficialmente avaladas por distintos gobernadores de Jamaica y Santo Domingo acarrearán finalmente la revuelta de los colonos franceses que, a su vez, amparándose en las leyes de la filibustería se dedicarán al saqueo de las hermosas poblaciones españolas y de los galeones que llegaban hasta allí para fondear. Los saqueos prosiguieron. Los apresamientos se multiplicaron, y la isla de la Tortuga conservó su aura de prestigio y la reputación que la haría célebre en esta gran carrera hacia el tesoro.

Otro detalle que podemos contar, pintoresco a más no poder. En cuanto se adueñaron de la isla, los piratas exigieron derecho de fondeo y si las tradiciones se convierten a veces en realidad, tenemos en ello un precioso ejemplo para los gobernantes actuales que, inspirándose al parecer en la isla de la Tortuga, imponen peajes en las carreteras, los puentes y las plazas de aparcamiento. Cada día se aprende algo...

Un poco de historia para comprender mejor los orígenes de la piratería francesa

Los principales piratas franceses

Normandía era uno de los mayores embarcaderos de estos «aventureros del oro» y citan la ciudad de Dieppe en unos antiguos documentos que aseguran que su puerto era destino preferente de corsarios y filibusteros de la época. Hallamos esta misma devoción en La Rochelle y entre los vascos, sin olvidar a los bretones, que tienen a su héroe local en la persona de Surcouf, 1773-1827, cuya estatua aún hoy preside la plaza de Québec en Saint-Malo. Baste recordar que en Francia los bandidos audaces siempre han sido glorificados... Cartouche, Mandrin y otros truhanes, como Vidocq, lo fueron, al igual que los *Arsenio Lupin* que tanto han marcado nuestros sueños de juventud.

Dos más brillaron con luz propia: Jean Fleury y Jean Ango, que lanzaron, a partir de 1522, con el título de «corsario real» sus ataques contra los navíos españoles cargados de oro, llegando incluso a asediar Haití (La Española), Cuba y Cartagena de Indias.

La aventura que protagonizara Jean Fleury es una de las más sabrosas de aquella época.

> *Sucedió que un buen día se halló frente a unas carabelas españolas que transportaban una parte del botín que Cortés –para gozar del favor personal del Emperador Carlos V, rey de España y ahora también dueño de México–, enviaba a España tras haber saqueado el tesoro personal del rey azteca Moctezuma II.*
>
> *El tesoro era fabuloso. Se componía de varias cajas de lingotes de oro, de piedras preciosas, de cientos de kilos en joyas, de plata, de topacios, vajillas de oro, así como objetos de culto de oro, escudos, cascos y estatuas de animales desconocidos en Europa. El apresamiento fue muy bueno, realmente increíble, pero aún hay más: en las naves apresadas Fleury descubrió unas cartas de navegación, solamente conocidas por los marinos españoles, que le permitirá emprender expediciones a regiones todavía mal exploradas. También está allí el informe completo de la conquista de México redactado por el mismísimo Cortés. De este error Cortés nunca llegaría a reponerse, pues había co-*

Barcos pirata típicos. Corbeta (A). Bergantín (B). Barca o sloop (C)

*metido la mayor de las faltas. No sólo no había dotado de arma-
mento a sus tres navíos, sino que tampoco les había dotado de
protección. Tal vez subestimara la astucia y la rapidez de movimientos de los piratas atraídos desde todas partes del mundo.
Dicho queda que Jean Fleury y la piratería francesa conocieron
aquel día una de las victorias navales más bellas del siglo XVI.*

Más tarde, durante el reinado de los reyes hugonotes, el almirante de Coligny condujo la guerra contra la armada española con
el fin de sanear las arcas del estado. Luego fue el turno de los holandeses y de los ingleses, bajo la tutela de la reina Isabel I, con
sus «sabuesos de los mares» de nombres prestigiosos, como
Tomas Cavendish y Francis Drake, del que hablaremos más adelante. A partir de entonces la maquinaria empezó a funcionar.

Entre los piratas franceses, hubo uno que, por su audacia, merece una mención especial, pues su escenificación del ataque no

desmerecería las de las mejores películas de Hollywood. En alta mar, frente a las costas de Santo Domingo (La Española), con una barcaza y con un puñado de hombres dispuestos a todo, se le presentaría la ocasión al aparecer en el horizonte un galeón perteneciente a la flota española.

A partir de entonces no hubieron vacilaciones. El jefe de los piratas era un individuo llamado Le Grand, nacido en Dieppe y llegado a las Antillas en busca de fortuna. Se acercó a la nave y les dijo a los marinos españoles que venía a traerles avituallamiento. Le rogaron que subiese a bordo y, acompañado por los suyos, entró a la cabina del capitán, que estaba jugando a los naipes con unos oficiales. Todo sucedió en cuestión de segundos. Le Grand encañonó al capitán y lo hizo prisionero, mientras que sus hombres, favorecidos por el factor sorpresa, neutralizaron a la tripulación. El apresamiento fue de primera: Le Grand se apoderó de un barco sin siquiera tener un cañón en su barcaza de pesca. Dicen que regresó a Dieppe para entregar un cargamento de riquezas extraordinarias.

El suyo sería el único ejemplo de este tipo que quedó anotado para la posteridad en el marco de la piratería de aquella época.

Especialmente sanguinarios...

Fue aquella un época de buscadores de tesoros, en la que el reparto de los botines estaba bien definido y donde la ley primaba sobre la fe. Fue una época fascinante de corsarios y filibusteros, que actuaban al margen de reglas específicas, matando, arrasando y violando sin piedad.

Recordemos en esta categoría el cruel e implacable François Nau, 1630-1671, llamado el Olonois. Este sujeto, natural de Sables-d'Olonne, es considerado unos de los piratas más sanguinarios de su tiempo. Con 20 años se enroló en las filas de la filibustería y destacó de inmediato por sus muchas hazañas. Baste contar la historia del navío que el gobernador de La Habana envió tras él. El Olonois se adueñó del barco y ordenó al verdugo de a bordo que les cortara la cabeza a todos los prisioneros españoles. Cuenta la leyenda que tras cada ejecución pasaba su lengua por el sable ensangrentado e iba diciendo: «¡Este era menos sabroso que el anterior!» y que sólo perdonó la vida de uno de ellos para que fuera a contarle al gobernador el destino que les esperaba a quienes osaran enfrentarse a sus exigencias.

Sin embargo, no fue el más cruel de todos. Dicen que hubo un tal Roc, pirata holandés, que asaba a la brasa a los prisioneros españoles y los hacía comer a sus hombres. Cuando embestía una ciudad, pedía que le trajeran la lista de hombres importantes. Iba a buscarlos a sus casas y los torturaba hasta que le indicaran el escondite de sus bienes más preciados.

Originario del Languedoc, Montbars, alias el Exterminador, también tenía leyenda propia. Contagiado por la fiebre del oro, se enroló con los piratas para ir a matar a aquellos «malditos españoles» que atormentaban su espíritu desde niño. Cuando alcanzó el grado de capitán se destacó como una especie de «angel exterminador» que liberaba los esclavos y multiplicaba sus actos de crueldad con los prisioneros españoles. Los de Saint-Barthélemy aseguran que Montbars escondió su tesoro en una caverna al sur de la isla. ¿Pero hubo realmente tesoro? ¿No sería el propio Montbars una simple leyenda? Sea como fuere, Montbars sigue siendo una celebridad local y en su «honor» pusieron su nombre a un restaurante de la isla. Y aún venden postales con su efigie a los turistas. *La nobleza obliga...*

Un verdadero cementerio de galeones

Frente a las costas de Martinica se han contado hasta 350 galeones de distintas nacionalidades hundidos en el fondo del océano. Algunos se hallan a apenas 20 metros de profundidad. Allí debe haber miles de millones descansando en paz. Por eso, amigo lector, siempre y cuando sea usted aún joven y practique submarinismo, nada le impide probar fortuna en esta región todavía inexplorada, donde se hallan fabulosos tesoros constituidos por lingotes de oro, de perlas, de rubíes y demás cosas valiosas. Si un golpe de suerte lo tiene cualquiera... ¿por qué no usted?

En caso de ser supersticiosos

Para mantener a los curiosos alejados circulan gran cantidad de leyendas donde aparecen cadáveres sepultados que vuelven para embrujar los lugares donde se hallan los tesoros. Se cuentan la historia de un pirata que enterró el suyo junto a la sangre de uno de sus marineros, caído en combate, para que la maldición se adueñara del lugar. Así provocaría el miedo y el abandono de expediciones emprendidas por algún temerario. ¿Qué no se habrá dicho ya sobre tesoros escondidos?

Si se acercan a las Antillas, les contarán historias como éstas. Historias que ya forman parte del folclore autóctono y que las gentes del lugar se conocen al dedillo.

También le dirán que otros tesoros descansan en el fondo del mar, bajo varios metros de arena y limo, riquezas colosales compuestas por rubíes, esmeraldas, perlas, toneladas de oro y plata mezcladas con cofres repletos de amatistas, lingotes, doblones y ámbar negro. ¡La misteriosa materia de la que están hechos los sueños! A modo de guinda, se pueden ver pececitos nadando en bandadas de un tesoro a otro...

La historia de Nuestra Señora de la Concepción

El misterio sigue presente con otros galeones, como sucede con el *Nuestra Señora de la Concepción,* que embarrancó en 1750 en las costas de Carolina del Norte. Antes de que su casco quedara hecho añicos, decidieron transportar el cargamento hasta tierra firme, pero esta historia contiene una sabrosa anécdota. De hecho, cuando iban a empezar a transportar la carga hasta la playa, descubrieron que se trataba de un tesoro inmenso destinado a la corona de España. Comprendiendo que la ocasión era de oro, dos capitanes hicieron desembarcar a los marinos que permanecían fieles a la corona española y con la complicidad del resto cambiaron de rumbo y buscaron refugio en las islas Vírgenes, más concretamente en Liberty Island, conocida hoy como Normand Island.

Sin embargo, los españoles reaccionaron. Atacaron la isla y ejecutaron a los ladrones. Recuperaron parte del botín, pero la mayor parte desapareció misteriosamente, al igual que el *Nuestra Señora de la Concepción*, del que los españoles no hallaron ni rastro. Pasó el tiempo y todo cayó en el olvido hasta que a finales del siglo XIX un pescador autóctono, sorprendido por una tempestad se vio obligado a guarecerse con su embarcación en una gruta a ras de agua.

¿Qué sucedió? Nadie lo sabe exactamente, pero el caso es que este pescador, a partir de entonces, vivió en la opulencia con su familia y que se establecieron en la isla de Saint-Thomas. Todavía hoy sus descendientes son famosos por las riquezas y los bienes que poseen en la isla. ¡Nadie reveló jamás el emplazamiento de esa famosa gruta del tesoro!

Sin embargo, una segunda versión refuerza la primera, porque trata de la presunta desaparición del *Nuestra Señora de la Concepción*. Cuenta que un inglés llamado William Philip halló los restos del naufragio en 1684. La historia no detalla si se apoderó de la fortuna, pero resulta desconcertante que ni siquiera apareciese el casco de la nave. ¿Cómo desapareció? ¿Y cómo pudo el inglés descender a semejante profundidad?

El misterio persiste en torno a este caso. Pese a la desaparición de los restos del naufragio, cabe preguntarse si William Philip y su compañía no fueron los felices beneficiarios de su incursión en el «cementerio de los tesoros».

No obstante, conviene desconfiar de los relatos que no revisten el menor atisbo de autenticidad. Y si todos hemos oído hablar de «barcos fantasma» quizás cabría hablar de «tesoros fantasma».

¿Dónde se hallan los cementerios de barcos naufragados y los tesoros?

Los distintos mares del globo

Todos los mares del mundo albergan en su seno naves hundidas por las más diversas causas, sepultadas con colosales fortunas en su interior, como es el caso de la nave *San José* que, el 7 de julio de 1708 naufragó delante de las costas de Cartagena de Indias, en el mar de las Antillas. Este galeón, con 700 marineros y soldados a bordo, se hundió con su cargamento de oro y otras riquezas cuyo valor se calcula en 22 millones de pesos, una cifra que sigue representando una fortuna considerable.

Apuntemos también los naufragios del *San Joaquín* y del *Santa Cruz*, dos navíos atacados por los ingleses y hundidos con sus fabulosos tesoros a unas quince millas marinas del puerto de Cartagena.

Citaremos dos naufragios mucho más recientes. Primero el del famoso *Titanic*, magnífica nave de la White Star Line, que naufragó en el transcurso de su primer viaje por el Atlántico tras impactar contra un iceberg. Sucedió el 14 de abril de 1912. Fallecieron 1.500 pasajeros, pero este transatlántico se llevó consigo 8.000 millones de euros en oro depositados en sus cofres. Se comprende el empeño británico por recuperar una carcasa que yace sumergida a unos 150 km de las costas de Terranova.

Algo parecido sucedería con el *Lusitania*, torpedeado por un submarino alemán en 1916 cerca de las costas de Islandia. El barco transportaba más de 500 millones de euros en oro.

El océano Índico

En el océano Índico quedan otros tesoros por descubrir

El comienzo del siglo XVIII marca el principio del fin de la filibustería en el mar de las Antillas. El acuerdo sucesorio en España desautorizaba el ataque sistemático de las naves españolas. Piratas y filibusteros se verían forzados a cambiar sus tácticas y su estrategia. Y si ahora el comercio florecía en las rutas orientales. ¿Por qué no aprovechar la ocasión?

Acosados en las Antillas, muchos «canallas del mar» se replegaron al océano Índico, llegando hasta Madagascar. Sus bases favoritas allí fueron Fort Dauphin y la pequeña isla de Santa María al noreste de Madagascar.

Sin embargo, el océano Índico ofrecía otras muchas posibilidades. Se multiplicaron los apresamientos y con ello se abriría un nuevo campo de actividades para los aventureros franceses, ingleses y holandeses dispuestos a buscar nuevas formas de vida.

En el Pacífico y en el Índico, de las Galápagos a la isla de Cocos, muchos de estos tesoros fueron sacados a la luz, pero otros muchos jamás fueron recuperados. Ciertamente hace falta mucho dinero para emprender este tipo de operaciones, aspecto éste disuasorio para los buscadores: es comprensible.

A veces es suficiente una simple casualidad, como les sucedió a los estadounidenses en la última guerra mundial para que esto suceda. Mientras combatían para reconquistar sus bases en Filipinas. Una bomba japonesa cayó un día sobre una playa de la isla de Corregidor. Al acercarse, ¿qué creen que descubrieron? Un gran cofre de hierro que contenía riquezas fabulosas: oro, pedrerías y joyas. ¿De dónde procedía? Nadie lo sabe. Nunca se sabrá.

El océano Índico, otro cementerio de barcos naufragados

En este lugar del mundo, donde la piratería tuvo un papel muy relevante durante los siglos XVII y XVIII, sucedía que, aunque fuese menor el acoso de las autoridades locales, los barcos piratas se exponían a otro riesgo, porque las fortísimas tempestades tropicales los arrastraban contra escollos y arrecifes que destripaban sus cascos. No muy lejos de isla Mauricio, donde a menudo hallaban refugio, censaron al menos un centenar de barcos naufragados. El de la *Magicienne*, fragata francesas hundida el 23 de agosto de 1810 fue descubierto en 1934. Este hallazgo estimuló la continuidad en las búsquedas arqueológicas submarinas por esta región.

Inmensos tesoros fueron rescatados, incluidos astrolabios, compases, cañones y numerosas piezas valiosas que enriquecieron el patrimonio nacional.

El mar de los Sargazos

En esta región del océano Atlántico, muchos barcos se han precipitado al abismo por causa del impacto de peligrosos restos sólidos que interactúan con las algas que flotan. Su acumulación en determinados lugares atrapa a los barcos como una tenaza móvil. En la actualidad, las grandes rutas marítimas desautorizan las navegación por estas regiones situadas entre las Antillas y África, que además están sometidas a los peligros de la corriente del Golfo y a la corriente norte-ecuatorial.

En este caso, la amenaza no son los piratas ni los corsarios. La fatalidad es idéntica para todos, y si imaginamos los cientos de navíos que naufragaron aquí desde los tiempos de Cristóbal Colón, nos haremos una idea aproximada de las riquezas que yacen en fondos marinos que a veces no exceden los 30 o 40 metros de profundidad.

Desembarco de los fabulosos tesoros procedentes de Perú.

Algunos investigadores han apuntado que aquí podría estar una décima parte del oro del planeta. El punto con mayor concentración es el situado sobre el Trópico de Cáncer y el grado 68º latitud oeste. Sabemos positivamente que la mayor parte de estos galeones sumergidos eran galeones españoles cuyos cascos se fueron amontonando a lo largo de siglos, desde finales de la Edad Media. Por tanto, y una vez más: aviso para navegantes.

Los filibusteros en la historia

Antes de poner un broche final a este capítulo dedicado a los filibusteros, añadiremos que estas gentes impusieron su imagen pública: eran aventureros sin rey y sin ley que destruyeron y saquearon barcos y ciudades españolas, reputadas por su riquezas fabulosas, pero esta imagen podría perfectamente ser trasladada a otros periodos históricos y a otros lugares del planeta.

Todos los países de Europa tuvieron sus filibusteros, aunque sólo se diferenciaran de éstos por su denominación: hunos, vándalos, visigodos... ¿Acaso su comportamiento difería sustancialmente del de los filibusteros? Recordemos por ejemplo a Alarico, que en el año 410 llegó a Roma para saquear los tesoros que a su vez el emperador romano Tito expoliara en Oriente Medio. Citemos a Rollon, que se instaló en Normandía para adueñarse de las riquezas de esta región. A Clodoveo, que cruzó el Rin con sus bárbaros y se hizo famoso por la anécdota del vaso de Soissons en el año 486. ¿Acaso no eran filibusteros esas gentes?

La sombría historia de John Avery

Un pirata de medio pelo y procedencia inglesa llamado John Avery tuvo su ración de fortuna, pero no la supo aprovechar. Veamos esta curiosa historia.

Avery, que no se distinguía precisamente por su buena suerte, se topó un buen día con un galeón que cruzaba su ruta. Lo atacó y consiguió apresarlo. Acto seguido descubre que acaba de adueñarse de un barco perteneciente al Gran Mongol, el poderoso soberano cuyo imperio se extendía hasta el sur de la India. Para Avery aquello era un regalo del cielo. De hecho el barco almacenaba 200.000 piezas de oro, joyas, pedrerías y vajillas de oro y plata de un valor inestimable. Un auténtico tesoro de Alí Babá. A bordo se hallaban asimismo varias princesas, jóvenes y adorables.

La duda se apoderó de Avery. Hay quien asegura que se retiró a una isla lejana en compañía de una princesa, pero la verdadera historia difiere de ésta, si nos atenemos a documentos cuya autenticidad ha sido contrastada. Avery marchó a Inglaterra, pero, durante el viaje, pudo haber sido objeto de estafa al intentar convertir en divisas sus riquezas. Desconocía las leyes de esta clase de tráfico.

Sabía perfectamente que una vez llegado a Inglaterra, podría haber sido denunciado y exponerse al cadalso o a la cárcel de por vida. Cuentan que ocultó la mayor parte de su tesoro en una isla del Pacífico y que, desesperado, enfermo y olvidado, falleció durante la travesía en el fondo de una cala.

Nadie volvió a hablar de su tesoro. Quizás fuera recuperado por otro pirata, a menos que se tratara de un corsario al que le faltó tiempo para ofrecérselo a la corona de Inglaterra. ¿Por qué se ha comentado tanto el «asombroso parecido» de las joyas de Isabel I con las del «Gran Mongol»?

Pero no nos extendamos en comentarios malevolentes...

¿Y si habláramos de sir Francis Drake?

En mi saga del *Capitaine Tempête,* la acción transcurre durante la guerra de Independencia estadounidense y la protagoniza el corsario Bruce Anderson, uno de los héroes de aquella época, que combatió en los mares codo a codo con otros insurrectos americanos para alcanzar sus ideales de independencia.

Extiendo mi homenaje a otras grandes figuras de aquella época, como el almirante de Grasse, Rochambaud, John Paul Jones, Gustavus Connyghan, y cito asimismo a algunos célebres marinos, como Jean Laffitte, Jean Bart, Dugay Trouin, Olivier Levasseur... pero no me dejo en el tintero el nombre de uno de los grandes corsarios de la historia: me estoy refiriendo a sir Francis Drake.

Sir Frances Drake, cuya fecha de nacimiento nunca se supo a ciencia cierta y que algunos datan en 1540, otros en 1542 o en 1545, nació en Inglaterra, en el condado de Devonshire, en el seno de una familia protestante, pobre y numerosa. Empezó su carrera como marinero a los 12 años, cuando se enroló en un barco mercante. Al cabo de unos años y aprovechando el fallecimiento del capitán y propietario de la *Judith,* asumiría el mando de la nave dirigiendo personalmente todas las maniobras pertinentes.

Fue entonces cuando trabó relación con sir John Hawkins, un traficante de esclavos que se convertiría en su amigo y colaborador. Los dos compadres se salvaron por los pelos de una rada en las Antillas. Esto no hizo sino extender su renombre, sobre todo el de Drake, que recibió, en 1570 una encomienda de la reina Isabel I, que le encargaba el mando de una expedición contra los españoles en las indias occidentales.

Entiendo que este hombre merece dos consideraciones distintas: por un lado la de marino intrépido y valeroso; por otro, el guerrero, corsario y filibustero a la vez. Alguién que supo conjugar las elevadas cualidades del explorador con las del «buscador de tesoros».

Sir Francis Drake fue, de hecho, el primer inglés que dio la vuelta al mundo, puesto que el portugués Magallanes murió en una isla del Pacífico (1521) y fue completada por Juan Sebastián Elcano en julio de 1522. Cruzó el cabo de Hornos y así fue como, arrastrado por una tempestad, presintió la existencia del continente austral, esto es, de la Antártida. Dejó una carta en la que por vez primera se indicaba la posición de este nuevo continente. Remontando hacia el norte, hacia Vancouver, intentaría hallar un paso marítimo hacia el Polo Norte.

Sin embargo, fue sobre todo el corsario quién permanecería en los anales de la historia. Nombrado sire por la reina Isabel I por sus clamorosas hazañas en las Antillas, partió con una nueva escuadra hacia mares españoles. Destruyó una treintena de navíos en el puerto de Cádiz y trajo hasta Inglaterra una nave portuguesa que volvía de las Indias Occidentales con su preciado cargamento.

En cambio, la «armada invencible» seguía amenazando el comercio inglés, y Drake tuvo que atacar los puertos de Vigo, Santiago de Cuba, Santo Domingo, Cartagena e incluso los de Florida, que también fueron saqueados y sometidos a extorsión. De estas incursiones en las tierras ocupadas por los primeros colonos ingleses anotaremos, en julio de 1580, la introducción en Inglaterra de las patatas y el tabaco.

Sir Francis Drake y su compañero John Hawkins intentarían en 1594, una nueva expedición a las Antillas que les resultaría funesta. Doblegados por la disentería, ambos murieron cerca de San Juan (actualmente Puerto Rico) mientras hacían los preparativos para el saqueo de la isla. Esto sucedió en Hombre de Dios, el 28 de enero de 1596. Este fue el final del célebre navegante, a la vez corsario y almirante de la reina Isabel I, de la que fue además su amante.

5

El tesoro de Luis XVI y los tesoros de la Revolución Francesa

El tesoro de guerra de Luis XVI

La fuga de la familia real

Tras su arresto, el 20 de junio de 1791 en Varennes, se supo que Luis XVI había tomado la precaución de dejar a buen recaudo el tesoro real. Algunos investigadores apuntaron la posibilidad de que fuera enviado a América. Enlazaría de este modo con una tradición templaria que asegura que el tesoro de la orden fue embarcado hacia el nuevo continente a bordo de carabelas que partieron del puerto de La Rochelle.

Para el viaje de Luis XVI se habló del *Télémaque*, un *brick* camuflado como barco mercante. Este navío habría transportado el tesoro y los bienes personales del rey y de María Antonieta, pero el *Télémaque* zozobró el 3 de enero de 1790, tras romper amarras en el puerto de Quilleboeuf y se cree que yace bajo varios metros de lodo. Pese a las búsquedas emprendidas nunca hallaron el barco ni mucho menos el tesoro, si es que alguna vez hubo tesoro a bordo.

¿Documentos dudosos? Es posible. Personalmente no retendré para nada esta idea, pobre en detalles y sin precisiones. Por el contrario, sabemos que la huida de la familia real fue minuciosamente preparada. Era archiconocida la abnegación del mariscal sueco

La huída de la familia de Luis XVI a Varennes.

Axel Fersen, amante de la reina. Organizaron un plan minucioso para facilitarles, de posada en posada, la llegada hasta Montmédy, cerca de Luxemburgo, donde el rey y sus fieles establecerían su núcleo de resistencia sobre nuevas estrategias políticas. En absoluto desde el extranjero, como muchos creyeron.

Una compañía de cuarenta húsares, al mando del duque de Choiseul, debía participar en esta operación, lo mismo que las tropas del marqués de Bouillé, que permanecían leales al rey. Así pues, la carroza real tenía que llegar hasta Châlon en solitario, camuflada como un simple carruaje particular, sin guardas ni protección especial, para ser escoltada luego por los húsares de Choiseul, mientras que otros dragones se encargarían de asegurar la protección real en la villa de Montmédy.

Éste no era el único objeto de la empresa. Había también un tesoro de guerra que el general Bouillé pudo reunir y cuyo valor actual difícilmente podríamos calcular. A esta cifra habría que añadir los préstamos suscritos por el rey y Fersen a distintos bancos; el dinero de suscripción popular y la fortuna real compuesta principalmente por joyas y otros valores.

Un peluquero disfrazado de James Bond

Existen distintas versiones sobre este particular, pero una de ellas asegura que las joyas de María Antonieta y las de Madame Elisabeth, hermana del rey, fueron confiadas secretamente a un personaje insospechado, a un tal Leonardo que era, ni más ni menos, el peluquero particular de la reina, pero el bueno de Leonardo, más tímido que temerario, en absoluto estaba cualificado para convertirse en el héroe de semejante aventura. Metieron las joyas en una maleta, donde habían apretujado deprisa y corriendo algunos objetos personales de la reina. Leonardo se las llevó, pero el 20 de junio, cuando llegaba a Pont-de-Somme-Vesle para ponerse bajo la protección del duque de Choiseul, sucedió que éste, al ver que no llegaba la berlina real, consideró oportuno hacer marcha atrás para asegurarse del desarrollo correcto de la operación, pese al retraso de varias horas acumulado. Ese fue su peor error. Cuando le llegó la noticia de que la familia real había sido arrestada, no se le ocurrió nada mejor que enviar a Leonardo a las demás posadas para avisarles que la familia real no llegaría.

Luis XVI, el último rey de Francia de la monarquía absolutista desde 1774 a 1791, fue ejecutado el 21 de enero del año 1793 después de haber sido juzgado y condenado por la Convención Nacional.

Y hete aquí al pobre Leonardo, con su maleta en mano, corriendo de posta a posta para anunciar la terrible noticia. Poco faltó para que el abnegado peluquero fuera capturado a su vez, pero logró escapar y refugiarse en Luxemburgo, donde ya se habían refugiado Bouillé y unos cuantos leales.

¿Qué hizo con la preciosa maleta? Historiadores que presumen de estar bien documentados (y creo que así es) aseguran que el buen peluquero se la entregó sin dilación (y con gran alivio) al marqués de Bouillé. Alivio muy comprensible si nos ponemos en su piel. Así acaba la asombrosa odisea de este James Bond *adelantado*. La historia perdió aquí su rastro. ¿Pero siguió la historia el rastro de la dichosa maleta?

Penetremos en el misterio

Los historiadores dicen que Bouillé confió después esta maleta a uno de sus oficiales, pero afirman asimismo que este oficial fue asesinado y que nadie sabe que sucedió después con tan preciada maleta.

Se abren interrogantes: ¿Confió realmente Bouillé esta maleta a su subordinado? En caso afirmativo ¿no debería haber sido su misión añadir las joyas al tesoro real ya agrupado en Montmédy? El asesinato del oficial cerca de Montmédy apunta a esta hipótesis. A menos que Bouillé mintiera en aquel entonces, pero si se las quedó ¿cómo podría convertir en moneda aquellos collares, de perlas y joyas talladas por los mejores joyeros de la época? Joyas cuya reputación abrumaría al perista más curtido en estas lides. Por lo demás, Bouillé falleció en Londres, en el año 1800, sin haber exhibido jamás un tren de vida ostentoso si descontamos su fortuna personal.

La pista de Montmédy

La historia nos conduce hasta el refugio dispuesto para la familia real en la mansión de un notario situada en las inmediaciones de la villa de Montmédy, pero esta casa pertenecía en realidad a los monjes de Orval. Parece que esta podría ser una pista fiable, dado que algunos aposentos habrían sido preparados para acoger a la

Pasadizos subterráneos como los de la villa de Montmédy, en los que supuestamente se escondía el tesoro de Luis XVI.

familia real. Un pasadizo subterráneo unía la casa del notario con la abadía.

¿No es pues razonable pensar que aquellos monjes de Orval desempeñaron un papel importante en esta historia? Porque a partir de entonces, las huellas desaparecen. Sabemos, por otra parte, que existía un tesoro fabuloso en la abadía de Orval, que fue devastada por los revolucionarios y ardió en 1792, al igual que, años más tarde, la casa del notario.

Ciertamente había otros pasadizos en Montmédy, pero quedaron, a su vez, derruidos y obstruidos. A menos que existiera en alguna parte un habitáculo secreto que se hubiera librado de los derrumbes y pudiera albergar, en nuestros días, esta fortuna colosal. ¿Por qué no?

Sea como fuere, esa fabulosa fortuna está ahí, estamos seguros de ello. En este perímetro abandonado por el tiempo y por la historia. Por eso, amigo lector, no dude en coger su pico y su pala, pues la fortuna quizá le aguarde en la culminación de sus esfuerzos. Nunca se sabe lo que puede aparecer con un pico y una pala...

Los tesoros de la Revolución Francesa

La Revolución Francesa, como todas las revoluciones, es prolija en la obtención de toda clase de tesoros procedentes de aristócratas guillotinados, de ricos señores obligados a realizar un viaje sin billete de vuelta o, sencillamente, por el hallazgo de antiguas pertenencias, grandes o pequeñas, de pobres diablos que antes de ser masacrados las confiaron a la tierra, en subterráneos y sótanos.

Los tesoros del culto

Las iras populares tampoco respetaron los tesoros religiosos. Tesoros de culto escondidos entre 1789 y 1793 por poderosos abades y partidarios de la religión, muchos de los cuales jamás fueron descubiertos por los sicarios de la Convención. Algunos religiosos prefirieron la muerte antes que revelar los escondites donde se amontonaban relicarios del siglo XVIII, cálices, crucifijos de oro y estatuas sagradas engastadas con esmeraldas y cornalinas. Incluso las campanas que debían ser fundidas fueron hábilmente escamoteadas a la codicia de los revolucionarios. Algunas volvieron posteriormente a sus iglesias de origen, pero otras, como las de San Antonin, en el departamento de Tarn et Garonne, aún no han sido halladas.

> *Bastantes tesoros de aquella época siguen sin ser localizados: ya sea porque sus amos han desaparecido sin dejar pistas, ya porque la configuración de aquellos lugares ha cambiado y al cabo de tantos años las búsquedas se vuelven cada vez más difíciles e inciertas por causa de deslizamientos, pantanos, deforestación y la repoblación forestal.*

Testamentos y documentos privados

Por tanto, durante la Revolución francesa, los bienes personales y las propiedades familiares se convirtieron en un verdadero tesoro para los revolucionarios que procedieron a su confiscación. Emigrantes detenidos en su huida fueron condenados *ipso facto* a muerte o castigados con duras condenas de las que nadie se libró.

Disponemos hoy de numerosos documentos privados, ahora de dominio público, que relatan dichas condenas y confiscaciones. Mucho mejor aún si estudiamos los testamentos relativos a las últi-

Los bosques profundos e inaccesibles fueron, en otra época, el escondrijo de muchos tesoros.

mas voluntades de los condenados que revelaban el lugar donde se hallaban sus posesiones. Algunos confesaron cándidamente, sin duda por el estado de depresión en que se hallaban, pero otros lo hicieron sin duda bajo la aplicación de torturas.

El estudio de estos archivos resulta muy emotivo: nos revela la descentralización de cientos de tesoros familiares, pero también de iglesias y congregaciones religiosas, que aún hoy constituyen un fenómeno de tal magnitud que resulta imposible cuantificarlo. A ello habría que añadir los tesoros escondidos por los supervivientes de la derrota de la Vendée, con documentos que revelan interrogatorios bajo tortura.

Hoy por hoy, muchos tesoros «del 93» siguen sepultados en propiedades privadas, bajo lápidas de cementerio o bajo el empedrado de las iglesias. Aunque también podríamos hablar de los bienes de familias protestantes confiscados tras la revocación del edicto de Nantes, en 1685. Cientos de familias tuvieron que abandonar sus tesoros, la mayor parte de los cuales jamás aparecieron, seguramente por estar cuidadosamente escondidos. Sólo se hallaron los que consiguieron desenterrar, con picos y palas, audaces católicos que aguardaban impacientemente la desaparición de los protestantes para satisfacer su voracidad.

Buscadores de tesoros, la aventura os pertenece

Considero que lo antedicho debería bastar a los buscadores de tesoros para lanzarse a la aventura. Muchos tesoros «del 93» ya han salido a la luz gracias a buscadores anónimos, pero aún quedan muchos por desenterrar. Bastará para ello, aparte de los archivos nacionales, examinar los archivos departamentales, y más concretamente los clasificados en el apartado G y los de la serie Q. Allí descubriremos archivos referentes a la confiscación de bienes que pertenecieron a personas emigradas con profusión de detalles e incluso planos. Este procedimiento puede requerir mucha paciencia y dedicarle muchos días, pero los resultados pueden ser increíbles e insospechados.

Por tanto, amigo lector, si la aventura le atrae, consiga un pico y una pala... y reúna todo el valor de que disponga. ¡Nunca se sabe!

Cuando interviene «el diablo cojuelo»

Con la restauración monárquica, bajo el reinado de Luis XVIII, muchos fugitivos se volcaron en el rescate de aquellos bienes que habían escondido en sus propiedades cuando huyeron. Algunos lo consiguieron, pero otros quedaron arruinados, dado que sus hogares habían sido vendidos como patrimonio nacional. Quienes se esforzaron por hacer valer sus derechos se toparon con funcionarios de policía que afirmaban no tener potestad suficiente para resolver tales litigios.

Este fenómeno supuso, por ejemplo, un enriquecimiento inmenso para gente como Fouché. Este personaje, en calidad de ministro de Policía, seguía en su cargo tras la restauración de la monarquía al haber podido escapar a todas las intrigas de gobiernos anteriores. Fingía estar dispuesto a socorrer a los desgraciados en su desamparo; como si este antiguo regicida quisiera hacer olvidar su tristemente célebre y brutal represión ejercida, sobre todo en 1793, durante la insurrección de Lyon.

En realidad, este individuo, que pasará a la historia con el mote de «el diablo cojuelo», sólo intervenía para su propio interés. Gracias a su policía particular, logró rescatar en propiedades privadas «tesoros de fugitivos» que engrosaron su propia fortuna y la de sus más directos colaboradores. Cuando consideró que ya era suficientemente rico, se retiró a Austria para disfrutar de una jubilación dorada. La historia es así de cruel. Amén.

6

Los fabulosos tesoros
de algunas regiones francesas

Resulta curioso constatar que hay algunas regiones de Francia parecen más predestinadas que otras a albergar fabuloso tesoros ocultos. Es muy posible que intervengan razones de tipo histórico que hacen que algunas de las regiones a orillas del Loira hayan sido escenario de invasiones bárbaras. Territorios donde la Guerra de los Cien Años se vivió y padeció con mucha mayor crudeza que en otros, lo mismo ocurre con las guerras de religión o las revoluciones acaecidas en 1789, en 1830 y en 1848: todas ellas fueron grandes acontecimientos históricos que incitaron a la gente a ocultar sus bienes.

Así pues, sería muy posible que en el departamento del Maine-et-Loire, los buscadores de tesoros podrían disfrutar de lo lindo basándose en leyendas que no son, sino trasposiciones de muchas realidades históricas en parte olvidadas generalmente en los cajones de los archivos. El terreno de juego es inmenso. En unas ruinas, no muy lejos de Baugé, al norte de Pontigny, cerca del castillo de Marolles, en Echemiré, en Pontigni, en una pedanía llamada Grand-Trouvé hallaréis mansiones semiderruidas, viejos castillos ruinosos. Los lugareños aseguran que encierran sótanos y profundos subterráneos con muchos tesoros, algunos protegidos incluso por dragones fabulosos encadenados o por damas rojas de terrorífico rostro.

Se trata, por supuesto, de leyendas; pero son leyendas basadas sobre tesoros auténticos compuestos por montones de monedas de oro, barriles llenos de cosas de valor cuya naturaleza desconocemos. Las leyendas no precisan las circunstancias ni la épocas que se correponden con estos ocultamientos, pero en absoluto desnaturalizan dichas indicaciones ni los lugares señalados. Por tanto, en el castillo de Gastines estaría oculto un tesoro desde hace varios siglos; lo mismo que en el castillo de Montivert y en el de Vendange, cerca del pueblo de Guédéniau, así como en el de Briançon, todos en la misma región.

Muchas de estas propiedades fueron vendidas hace tiempo pero, desde mediados del siglo XIX, una ley permite reservar al nuevo propietario, en acto de compraventa, todos los derechos sobre un eventual hallazgo realizado en el dominio adquirido, sea cual fuere la importancia del mismo. Esta cláusula aparece en los contratos de compraventa y actas notariales.

El tesoro del castillo de Baugé

¿Se basaron quizás en esta cláusula para intentar recuperar el fabuloso tesoro de Baugé supuestamente enterrado desde el siglo XV bajo el castillo del rey René? Sabemos que este rey, poeta y mecenas refinado, había dirigido personalmente las obras, poniendo especial énfasis en la localización de antiguos pasadizos subterráneos, custodiados por un temible y celoso diablo, según cuenta la leyenda.

¿Pero de qué leyenda nos están hablando aquí? No se trata del tesoro del rey René. Una curiosidad histórica viene a sumarse al rompecabezas cuando descubrimos que en 1789 el castillo de Baugé se convirtió en depósito de los tesoros saqueados en iglesias, abadías y grandes propiedades de los alrededores. ¿Utilizaron los revolucionarios estos tesoros?, ¿en su totalidad o en parte?

Los lugareños aseguran que este tesoro todavía está allí, escondido en algún lugar bajo el castillo, y que bastaría con reanudar la exploración de los pasadizos subterráneos antaño iniciadas pero por desgracia, abandonadas. Algunos radiestesistas fueron a proponer sus servicios, pero los despreciaron y deshecharon. Los radiestesistas tomaron, no obstante, la precaución de transmitirse sus respectivas conclusiones corroborando así la existencia de un tesoro. ¡Hubiera bastado con «sincronizar todos los relojes»!

Vamos, vamos, señores propietarios... recuerden que la ley está de su parte y les concede la condición de «herederos» de un eventual descubrimiento siempre y cuando este descubrimiento se realizase dentro de los muros de su propiedad, ¡aunque para ello tuvieran que tentar al diablo!

¿Qué fue del tesoro de la familia Duvolloy?

Este fue el caso de la familia Fernand, en la Vendée, cerca de Sables-d'Olonne. Dado que esta gente ya no sabe qué hacer con su fortuna, evitaré desvelar su verdadera identidad. Según me relataron, un tesoro fue escondido bajo varios metros de tierra en el fondo de una galería derruida. Compuesto por cuatro cofres reforzados con zunchos de hierro, contenía candelabros de oro y joyas con esmeraldas y perlas. Perteneció a una hacendada familia de la región, los Duvolloy, que tuvieron que huir del exterminio de los habitantes de Vendée a manos de los republicanos.

Cuando esta familia huyó a Inglaterra para refugiarse, sólo llevaron consigo unas cuantas monedas de oro, al objeto de garantizar su estancia, creyendo que podrían recuperar sus pertenencias una vez pasara la tormenta, pero nunca regresaron, tal vez ni siquiera pudieron llegar a Inglaterra. Nadie lo supo jamás. Antes de su partida, dejaron un plano con indicaciones precisas referentes al emplazamiento del tesoro a una tal Louise Grammont, antigua costurera en un convento vecino y que se retiró en soledad a la casona familiar.

Ya anciana y muy debilitada, Louise Grammont esperó en vano, hasta su muerte, el regreso de los Duvolloy, pero aquella familia nunca regresó. Tras su entierro, un sobrino que era su único heredero recuperó las escasas pertenencias de esta señora y las dejó olvidadas en un granero.

Pasaron los años, el joven se desposó y sus descendientes acabaron instalándose en la mansión. Hasta que un día trasladaron al sótano todo lo que había en el granero, para acondicionarlo como cuarto para los niños, dado que la familia empezaba a ser numerosa.

Pasaron muchos años más, hasta que otra familia adquirió la propiedad, en el año 1932. El tiempo parece desempeñar un papel primordial en esta historia, dado que a nadie se le había ocurrido revolver los objetos personales de Louise Grammont. La vida, en muchos casos, se traduce en negligencia, desinterés y olvido.

Un buen día, Fernand M., el nuevo propietario, descubriría por pura casualidad aquel plano mientras procedía a vaciar el sótano de trastos. El papel en cuestión, amarillento y cubierto de polvo estaba sencillamente oculto entre dos sábanas. Por curiosidad, Fernand M. empezó a interesarse por el tema. Llevó a cabo varias investigaciones, solicitó informaciones relativas a aquella casa hasta remontarse a los tiempos de Louise Grammont y su relación con la familia Duvolloy, a los que nadie conocía.

Por desgracia, Fernand M. era bastante hablador y la noticia acabó llegando a sus amistades. ¿Cómo? ¿Que hay un tesoro en el parque? Pico en mano, Fernand M. se dedicó a labores de desescombro, pero la galería se derrumbó bajo sus pies. Los dos siglos transcurridos habían modificado la naturaleza del suelo. Apareció incluso un pozo freático cuando procedía a la extracción del agua allí acumulada. Aquí terminaron sus excavaciones.

Sin embargo, como la noticia se había propagado entre familiares y amistades, le llovieron ofertas de todas partes: hubo quien pretendía intervenir mediante otras técnicas de perforación y hubo quien quiso asociarse al descubrimiento. Recibió incluso amenazas telefónicas por parte de algún desaprensivo dispuesto a quedarse con el presunto tesoro.

En 1970 Fernand M. falleció, sin haber llegado a descubrir las famosas cajas llenas de oro y de piedras preciosas. Actualmente sus descendientes ignoran lo ocurrido, el tesoro parece haber caído en el olvido y ya nadie habla de él.

Quizás fuera una estrategia para no despertar más codicias, o quizás por causa del desaliento tras tantos esfuerzos para separar el agua de la tierra, o quizás también..., pero el caso es que, descubierto o no, este tesoro sigue siendo un misterio y esta conclusión es la única que nos queda a la hora de pasar página.

Los tesoros de los bandoleros

Los nombres de los bandoleros célebres llevan siempre aparejadas viejas historias, siniestras y románticas y el nombre de Mandrin es el primero que nos viene a la memoria. Equivalente fran-

Mandrin se habría escapado por esta cueva de la región de Lyon.

cés de Robin Hood, Mandrin sigue siendo un personaje controvertido y sibilino. Para algunos historiadores no fue más que un bandido sin escrúpulos, para otros fue un bandido justiciero «expropiador de los ricos y los poderosos». Personalmente, creo que la verdad pasa por el camino de en medio y que la verdadera historia de Mandrin sería una síntesis de ambas versiones.

Sea como fuere, jamás sabremos quien fue realmente este curioso personaje cuya vida terminó el 13 de mayo de 1755, bajo el suplicio del potro en la plaza pública, al igual que le sucediera a su predecesor, el bandolero llamado Cartouche. Contaba apenas 30 años. Su carrera de bandido duró bastante poco dado que la inició en 1750, en el Dauphiné, para convertirse rápidamente en jefe de cuadrilla. Entre sus hazañas cabe añadir la falsificación de moneda y el contrabando. En poco tiempo, Mandrin se hizo inmensamente rico: su fortuna colosal nunca se puso en entredicho. ¿Pero qué hizo con ella, donde está escondida?

Probablemente haya varios tesoros escondidos por Mandrin en esta región. Saint-Etienne-de-Saint-Geoirs, su pueblo; la gruta de la Balme y el bosque de Magland han sido señalados como posibles enclaves, pero también se apuntan escondites ubicados lejos de Saboya y del Dauphiné, si consideramos las importantes concentraciones de tropas desplegadas por Luis XV en los límites de la Franche-Comté y el Dauphiné.

Mandrin, pese a todo, pudo atravesar el cerco y adentrarse en el Bourbonnais, pasar de largo Moulins y luego cruzar el departamento de Saône-et-Loire. Apareció por el Puy de Dôme y las inmediaciones de Vichy. Cuentan los lugareños que escondió la mayor parte de su tesoro en un valle situado junto a Châtel-Montagne, en una pedanía denominada Puits-du-Diable. Es un lugar siniestro, del que se cuentan leyendas terroríficas... ¿acaso existe mejor protección que ésta para un tesoro? En tal caso, el tesoro de Mandrin quedaría transformado en un «tesoro custodiado por los demonios».

A partir de ahí los acontecimientos se precipitarían. Húsares y dragones a las órdenes de M. de Turbey de Larre rodearon a Mandrin y a sus hombres. Cuarenta y dos bandidos cayeron abatidos y sus caballos y su armamento fueron aprehendidos. Mandrin huyó pero rápidamente se le dio alcance y fue capturado en el castillo de Rochefort.

Sólo tubo ocasión de hablar con un obrero originario de Saboya al que supuestamente indicó el emplazamiento de su botín. ¿Qué botín? Por descontando que no se trataba del de Puits-du-Diable, cuya maldición ningún temerario ha osado desafiar, sino de otro de sus tesoros ocultos en aquella región. Cabe pensar en esta posibilidad, puesto que el obrero acabó instalándose en las vaguadas de Malavaux, cerca de Vichy, y que su familia adoptó como apellido este topónimo: se les llamó desde entonces Malavaux y Malavaux siguen siendo sus descendientes.

¿Qué saben estas gentes? ¿Que algún antepasado suyo heredó unas cuantas monedas de oro? Bueno, ¿y qué? ¿Acaso esto bastaría para afirmar que se trata del tesoro de Mandrin? De un tesoro que nunca fue hallado y que todavía siguen buscando...

El Castillan, su castillo y su tesoro

En las ruinas del castillo de Montgilbert, en los montes de la región del Borbonnais, aún permanece viva la poderosa personalidad de don Rodrigo Gutiérrez de Villandrada, noble castellano del siglo XV, titular del condado de Ribadeo. Se le atribuye abolengo francés en base a un vago partentesco con Bernard Du Guésclin.

Lugar que frecuentaba el llamado Castillan en la región del Mâçonnais.

Sin embargo, los inicios de este gran señor se forjaron al mando de una cuadrilla de bandoleros. En 1427, este «Castillan» tenía a sus órdenes una tropa de 5.000 mercenarios. Inicios muy prometedores, porque al cabo de poco tiempo, despertaba tanto entusiasmo en su entorno, que sus hombres lo consideraban una especie de semidiós.

A partir de entonces, nada se le resistiría. Atacaba poblaciones, extorsionaba, saqueaba propiedades privadas, controlaba las comunicaciones terrestres de los territorios que atraviesa. Incluso llegaron a apodarlo «el emperador de los saqueadores». Su colosal riqueza muy pronto se le subió a la cabeza. Sólo quería comer en vajilla de oro o de plata pura y sus vestimentas estaban cubiertas de pedrerías. Tenía cancillería propia, una corte de gentilhombres y un ejército de bastante empaque.

Su influencia debía ser tenida en cuenta, sobre todo cuando tomaba partido en causas que no le importaban lo más mínimo. En 1430 combatió contra el príncipe de Orange y contra los duques de Borgoña y Saboya que ansiaban apoderarse del Dauphiné. Obtuvo la victoria, y otra más en 1432, cuando ayudó a defender la región de París amenazada por los ejércitos de Warwick. El rey Carlos VII, entusiasmado, lo nombró gran chambelán.

Su ascenso social prosiguió. El Castillan se desposó con Margarita de Borbón y, tras su boda, se puso del bando de los Borbones para proteger las fronteras de la provincia, pero hasta aquí llegó su altruismo. Respaldado por su enorme poder, el antiguo bandolero volvió a las andadas de sus inicios y saqueó el Maçonnais, el Comtat-Vénessin, el Rouerge y se instaló en el castillo de Montgilbert.

Sin embargo, a partir de entonces la suerte le volvió la espalda. Enterado de sus intrigas y desmanes, Carlos VII lo mandó desterrar de su reino. Esto le obligó a buscar un escondite seguro para su grandes riquezas, quedándose sólo con sus perlas preciosas.

Un tesoro ignorado quedaría, por tanto, escondido en Montgilbert, tal vez bajo la torre de homenaje o de una torre cualquiera, a menos que lo ocultara en algún lugar seguro de la campiña de los alrededores, pero muchos radiestesistas afirman estar convencidos de que se halla bajo el castillo, en alguno de los pasadizos actualmente cegados. Puede ser que así sea.

En cuanto al Castillan, nadie sabe qué fue de él. Una vez dejó su tesoro a buen recaudo y temiendo las consecuencias de la cólera real, cruzó la frontera española. Seguramente con la intención de volver algún día Francia para recuperar todos sus bienes; pero nunca más volvió. Esta es la causa por la cual el tesoro quedaría abandonado a la leyenda en las ruinas de un viejo castillo hoy practicamente olvidado.

Tesoros bajo los árboles

Por regla general, la tradición nos relata historias de tesoros escondidos en grutas, en subterráneos, en muros de vetustos castillos en ruinas... pero muy rara vez de bosques y de árboles que ocultan también magníficas riquezas. Salgamos al paso de esta negligencia y acerquémonos a los grandes árboles seculares que nos señalan los buscadores de tesoros.

En Jumièges, un pueblo de Seine-Maritime, dicen que un tesoro que perteneció a Guillermo el Conquistador sigue escondido en la abadía, al igual que una estatua de oro macizo de san Filiberto puesta en lugar seguro durante la revolución de 1789, pero la abadía quedó completamente destruida en el siglo XIX y antiguas tradiciones afirman que estos tesoros fueron transportados al bosque vecino y, en este bosque, abundan los árboles. No obstante, una leyenda cuenta que el tesoro quedó enterrado al pie de un tejo que se halla en el recinto del claustro... ¿estará aún allí? Es muy curioso que nadie haya autorizado jamás hacer excavaciones alrededor de este árbol.

Cerca de Rouen, junto a la costa de Valette, cuentan la historia de Duramé, un bandolero, que asaltaba a los viajeros en el bosque de Roumané y aseguran que ocultó su tesoro bajo un árbol. Los buscadores lo saben, pero el árbol en cuestión todavía no ha sido identificado.

En Bois-Charmant, en el departamento de Charente-Maritime, unos aristócratas ocultaron durante la revolución francesa sus más preciados tesoros en sus bosques. Dicen que el árbol sigue vivo. Unos dicen que se trata de un abeto, otros que es un pino o un ciprés, pero el tesoro sigue sin aparecer. El árbol que le da cobijo sigue burlándose a los buscadores de tesoros.

Otro tanto podríamos decir del «gran sauce» de Moissac, en el departamento de Tarn-et-Garonne y de otros aristócratas que, durante el terror, ocultaron una bolsa de cuero llena de monedas de oro y plata... ¿Pero dónde está ese sauce?

También lo buscan en Vienne, en los bosques de Nouaillé, donde en 1356, antes de la derrota de Poitiers, el rey Juan el Bueno ocultó un lingote enorme de plata, y en Château-Chalon, en el Jura, donde unas abadesas escondieron durante la revolución sus riquezas en un pasadizo subterráneo bajo el burgo, pero curiosamente este escondite se halla bajo un árbol de tronco hueco. Este venerable árbol fue bautizado con el nombre del «Sully».

Un metro cúbico de oro, según cuenta la tradición de Nièvre, propiedad de los monjes de la abadía de Bellary, lo enterraron en el bosque durante la revolución. Tozudos buscadores, siguiendo las instrucciones de planos de la época, continúan excavando en el bosque de Bellary.

Sin embargo, por si su búsqueda no se ve recompensada por el éxito, a veces interviene el azar para devolvernos sus favores. Este fue el caso de unos jóvenes de Avon-les-Roches, en Île-et-Vilaine, que estaban acondicionando los alrededores de la Roche-Tranche-Lion. De pronto, al pie de un árbol, la tierra se abrió y pudieron ver un agujero de 6 o 7 metros de profundidad. Cuando se les pasó el susto, descubrieron un tesoro compuesto por más de 200 monedas de oro que databan del siglo XVI. Por tanto, nada de desesperarse, porque la fortuna puede sonreirnos de pronto, al pie de un árbol... al cabo de 400 o 500 años.

En estos descubrimientos los animales pueden eventualmente desempeñar un papel importante. Tal fue el caso de Touna, una perrita perdiguera que vivía libre en un recinto propiedad de sus amos, cerca de Agen. Aquella perrita que solía quedarse cerca de un gran roble se puso un buen día a dar vueltas y más vueltas alrededor del tronco como una posesa. Quién sabe si había olisqueado el olor de un tesoro, pero el caso es que la bestia empezó a excavar con sus patas como si quisiera desenterrar un viejo hueso. Su amo llegó en ese mismo momento, y al verlo, la perra se puso a ladrar con insistencia como para enseñarle su descubrimiento. La caja que había casi desenterrado estaba llena de monedas de oro y joyas de origen español.

¿Era consciente aquel animal del valor de lo que había hallado? Por supuesto que no; para aquella perra era un simple juego, aunque se nos antojen incomprensibles los motivos que propiciaron su descubrimiento. Sea como fuere, le dieron la recompensa correspondiente: ¡un hueso grande con tuétano y todo!

La historia de un falso tesoro

Esto sucedió en 1943, en Béziers. Yo era muy joven entonces, pero recuerdo perfectamente la historia que contaba un amigo de mis padres, Henri Aquilo, personaje de muy estrecha relación con la municipalidad local. Una antigua leyenda narraba que una anciana fue enterrada con su tesoro en tiempos de Napoleón, en un lugar algo alejado de la ciudad y denominado Capiscol. Había allí un bosquecillo de pinos y que fue al pie de aquellos árboles donde tuvo lugar la inhumación, aunque nadie conocía el lugar exacto donde ésta se realizó.

Sin embargo, resulta que aquel lugar, contiguo a unas instalaciones ferroviarias construidas por el ejército alemán durante la Segunda Guerra Mundial, fue bombardeado por la Royal Air Force. Los bombarderos eran *lighting* de doble fuselaje, los recuerdo perfectamente. Pues resulta que los cráteres de las bombas dejaron a descubierto el tesoro en cuestión. Era una caja de madera muy larga y muy pesada con flejes de hierro. Tan pesada que hizo falta una grúa para poder levantarla.

Cuando el ayuntamiento fue informado del suceso, le faltó tiempo para enviar al lugar de los hechos unos cuantos cargos electos dispuestos a abrir la caja en cuestión, pero también fueron informadas las autoridades alemanas, que intervinieron inmediatamente para hacerse cargo del asunto, pues si hay tesoro, por qué desperdiciar la ocasión... Los alemanes casi sentían el sabor de la miel en los labios. Este hallazgo inesperado devolvía a la actualidad a una muy antigua y muy rica familia de Béziers, los M. Cuentan que eran tan ricos que la hija mayor fue enterrada con su tesoro. ¿En qué consistía este tesoro?

Es preciso destacar que Madeleine M. tenía una empresa que fabricaba plomos como los que se cuelgan de las artes de pesca y lastran las redes con el peso requerido para pescar; esas bolas de plomo tenían mucha demanda por parte de barcos sardineros y pescadores en general. Esta empresa estaba ubicada en la población de Valras (que actualmente es un pueblo de veraneo conocido como Valras-Plage).

Cuentan que Madeleine M. sentía verdadera pasión por este oficio, y que en absoluto le importaban los viñedos y las propiedades que su familia poseía en la región de Béziers. Esto fue lo que sucedió: al morir ella, sus familiares respetaron sus últimas voluntades y la enterraron en un ataúd relleno con miles de bolitas de plomo. Este tesoro macabro fue sepultado en un rincón de la propiedad familiar, bajo los pinos. ¡Y mira que el plomo es pesado! Pues esto fue lo que se les apareció a los alemanes cuando abrieron aquel sarcófago. ¡Un tesoro de plomo!

Los árboles también tienen sus tesoros espirituales

«El insensato se lamenta porque los hombres lo desconocen; el sabio porque desconoce a los hombres.» Este aforismo es de Confucio, un hombre al que China sitúa entre los más grandes pensadores que jamás haya producido, pero Confucio pertenece además al aura de misterio que envuelve a la China. Cuando este gran filósofo falleció, en el año 478 a. de C., uno de sus discípulos plantó un árbol, el árbol Kiai.

Este árbol sigue existiendo en la actualidad, pese a los más de veintitres siglos de avatares transcurridos. Se ha convertido en una especie de monumento venerable para los chinos. Para el profano y el vulgo que pasa sin detenerse no es más que un tronco seco, árido y disecado, pero el hombre curioso y atento observará que con la primavera aparecen, aquí y allá, pequeños brotes verdes del tronco muerto. Para Confucio, la vida es eterna y parece como si la naturaleza (o Dios) estuvieran obligados a no desmentir esta idea.

En Israel sigue existiendo el monte de los Olivos, el lugar al que Jesús fue a meditar antes de ser detenido. Si llegáis hasta allí os contarán que el viejo olivo de Getsemaní conoció a Jesucristo y que sigue allí tan verde como ayer.

¡Ah! Si los hombres pudiéramos comprender el lenguaje de los árboles...

7

Los diamantes malditos

Los diamantes tienen una extraña reputación

El diamante es una gema que simboliza la constancia, la fuerza y la lealtad; que refuerza el amor y es promesa de perfecta armonía conyugal. Añadiremos que esta piedra aleja la melancolía, las preocupaciones y los temores; que apacigua la ira; que invita a la espiritualidad y que potencia la intuición.¡Cuántas virtudes y virtudes encierra esta piedra magnífica de fabuloso brillo! Pero ¡cuidado! Porque la historia nos habla de algunos diamantes dotados de poderes maléficos que condujeron a sus poseedores hacia destinos trágicos.

En el primer capítulo de esta obra les contaba la maldición que perseguía al coche de James Dean y que quienes adquirieron una simple pieza del vehículo destrozado perecieron trágicamente. Cabe la posibilidad de poner este asunto en entredicho; de que se tratase de supersticiones, de acumulación de coincidencias. ¿Por qué no?, pero permítanme regresar al tema que nos ocupa: el de la extraña reputación de algunos diamantes famosos.

El Koh-i-Noor

Uno de los más famosos es sin duda el Koh-i-Noor. Esta joya puede verse hoy en la famosa Torre de Londres después de que la esposa de Jorge V, Mary, se librara de ella siguiendo los consejos apremiantes de sus allegados. El poco tiempo que lo llevó encima, engastado en una corona, probablemente le evitó caer en la maldición de esta joya. Puede ser, pero sea como fuere, todos sus propietarios conocieron destinos trágicos. Fue descubierto a principios del siglo XIV en Godavari, a orillas de un río propiedad de diferentes señores. Al contrario de lo que sucedió con muchas otras joyas, este diamante jamás fue vendido. Siempre fue obtenido mediante el robo, el tráfico, la conquista y el asesinato desde 1526, cuando se lo apropió Baber, un sultán fundador de la dinastía mongol. Tanto él como sus sucesores conocieron finales trágicos. Hasta que cayó en manos de Nadir Shah, el saqueador de Delhi, que se lo llevó a Persia en el año 1739, donde moriría asesinado poco después.

Los ingleses intervinieron a mediados del siglo XIX y los sucesos anteriores se reprodujeron en forma de encarcelamientos, torturas y muertes violentas que afligían como una maldición a todos sus dueños. Ningún soberano de Inglaterra quiso llevarlo encima. La reina Victoria quiso, eventualmente, engastarlo en un broche, pero desistió de su idea y acabó en manos de Mary, consorte de Jorge V. Quizás ella comprendiera el alcance de esta maldición y por ello jamás recurrió a maniobra criminal alguna para hacerse con él. Esta sería la versión de Dick Harlay, periodista del *Time,* pero... ¿quién puede afirmarlo con certeza?

El Hope

También el Hope, más conocido como el *Diamante Azul,* es un diamante maléfico. Con él cambian las tornas: su maldición se propaga aunque no haya sido robado, sino comprado o regiamente regalado. Esta joya, procedente de la India, había sido incrustada en un ídolo de múltiples poderes. Un sacerdote hindú lo sustrajo de allí, pero fue inmediatamente arrestado y ejecutado por sacrilegio. Unos aventureros se apoderaron del brillante y lo trajeron a Europa, donde recaló en casa de un tal Jean-Baptiste Tavernier. Este último lo vendió, en 1688, al rey Luis XIV. Encantado por su buen negocio, Tavernier regresó a la India, donde, al cabo de poco tiempo, sería devorado por unos tigres.

En la corte de Francia, el *Diamante Azul,* siguió causando estragos. Primero fue el superintendente Fouquet, que lo pidió prestado para una cena de gala, y cometió aquella noche tantas torpezas que fue condenado a prisión perpetua. Madame de Maitenon tuvo también su dosis de desgracias, y de la maldición del diamante tampoco se libraron Luis XIV, ni Luis XV, que lo heredó del anterior y cuya muerte cruel es bien conocida. Lo mismo que Luis XVI y María Antonieta, cuyo destino trágico es de todos sabido. Sin olvidar a la princesa de Lamballe, horriblemente masacrada por los revolucionarios en 1792.

Robada en aquellos momentos ominosos, la piedra maléfica llegó entonces hasta Inglaterra donde prosiguió su diabólico destino. Un banquero llamado Henry-Thomas Hope, que dió su nombre al diamante, lo adquirió en 1830 y murió arruinado poco tiempo después.

La joya pasó después a manos del francés Jacques Colet y al príncipe ruso Yvan Kanitovich: el primero se suicidó y el segundo fue asesinado. *Pecata minuta,* porque poco después apareció otro comprador: se trataba del sultán Abul Amid, que se lo quería regalar a una de sus concubinas. ¿Que qué le paso? Pues que se pelearon, que mató a su concubina y luego fue obligado a abdicar.

Sin embargo, aún quedan aficionados temerarios. La piedra sedujo a un tal Simon Montharide, que fue su siguiente propietario. No por mucho tiempo, puesto que se mató en un accidente automovilístico con su mujer y su hija. Qué duda cabe, esta joya empieza a perder valor en la medida que escasean los posibles compradores... hasta que un estadounidense llamado Edmond Mac Lean la adquiere por una suma ridícula. Pobre diablo: su nieta muere y él se embarca en el Titanic para perecer ahogado en 1912.

Sin embargo, la joya maldita sigue estando ahí. Los supervivientes de la familia lo heredaron y acabó en poder de un joyero yanqui, Henry Winston, que no se atrevió a tentar al diablo. Al corriente de los destinos trágicos de sus predecesores, su nuevo dueño lo donaría en 1958 al Smithsoniain Institute, donde sigue bajo custodia. Parece ser que, desde entonces, cualquier influencia maléfica del *Diamante Azul* se ha disipado.

Si tienen ocasión de visitar este museo podrán contemplar el Hope, en su magnífico estuche de terciopelo, pero mejor será que no lo contemplen durante mucho rato, pues la maldición sigue estando ahí, en esta piedra abandonada, como un diablo que sonríe para seducirnos mejor. Me con-

taron el caso de un visitante llamado Joel Douglas, que vivía en Londres, en el Soho. Dicen que venía regularmente, casi a diario, para admirar el Diamante Azul. *Para él se había convertido en una especie de obsesión. Acabó suicidándose poco después, en 1964, a la salida del museo. Coincidencia, sensibilidad a las radiaciones de ciertos cristales o simples supersticiones?*

La historia del diamante de los judíos

Los historiadores mantienen diferentes versiones en torno a la extraña muerte, harto misteriosa, del delfín Francisco, hijo del rey Francisco I, en 1536. Sucedió en Lyon, donde la corte se había establecido en agosto de 1524, mientras el rey iba a guerrear a Italia. ¿Lyon capital de Francia? Pudo haberlo sido, de hecho lo fue durante algún tiempo...

Sin embargo, volvamos al joven heredero de la corona francesa. Era un príncipe atlético, sano y que disfrutaba a sus 19 años practicando deportes violentos. Aquella mañana acababa de participar a un partido de pelota en el frontón de la abadía de Ainay. Estaba acalorado, respiraba afanosamente, reclamaba algo de líquido. Le dieron inmediatamente un vaso de agua helada que le provocó acto seguido fuertes convulsiones. Lo llevaron a su lecho donde, instantes después, falleció.

¿Qué sucedió? Muchos historiadores dicen tener serias dudas respecto a lo que realmente sucedió. Hay quien defiende la tesis de la muerte natural por causa del agua helada que el príncipe se bebió de un trago en un golpe de calor; otros sostienen la hipótesis de que el agua que le dieron contenía algún tipo de veneno mortal. ¿Pero quién puso allí el veneno?

El escudero Monteculli, que fue quien le dio el vaso de agua, decía que la joven y ambiciosa Catalina de Médicis bien pudiera haber eliminado así al principe heredero para favorecer la coronación de su esposo Enrique II. La historia señala a Caterina de Médicis como una envenenadora fría y calculadora de ambición desmedida. El caso es que se designó como culpable al escudero, que fue descuartizado en la calle de Grenette, en la otra orilla del Saone. ¿Pero culpable de qué? Los médicos de la época declararon siempre que la muerte de Francisco no tenía explicación. ¿Pudiera ser que la

Catalina de Médicis estaba
muy interesada en el
diamante de los judíos.

teoría del veneno no fuera sino una cortina de humo que ocultara la
verdadera causa de su muerte?

Aquí precisamente entra en escena el diamante en cuestión.
Este diamante pertenecía a una importante colonia judía asentada
en el barrio de Saint-Jean de Lyon, en la actual calle Juiverie; un
lugar considerado en aquella época refugio de truhanes, pero la
gente decía que uno de los lideres de la comunidad judía poseía un
diamante sin parangón por su tamaño y su brillo, que lo habían
traído de Oriente Medio. Pese a todas las precauciones, su reputación había llegado a oídos de la Corte de Francia.

Alentada por sus magos y astrólogos florentinos, la mismísima
Catalina de Médicis parecía fascinada por la idea de apropiarse de
aquella piedra preciosa. También hubo quien sospechaba de los
judíos por la muerte del príncipe, precisamente por haberse descubierto la pista del diamante. Curiosamente, tras la muerte del príncipe, el diamante cayó en el olvido y su pista se perdió, pero los
buscadores contemporáneos siguen buscándolo a pesar de la
enorme cantidad de escondites que hay en el casco viejo de Lyon.

El historiador Claude Yelnick nos habla de una casa ubicada
en el número 23 de la calle Juiverie, en cuya fachada se pueden
ver esculpidas unas cabezas de león; una casona que fue antaño
fundición de oro. Sigue viva la leyenda según la cual aquella pie-

dra fabulosa fue escondida aquí, bien disimulada tras alguna de las cabezas de la fachada y que la clave reside en ciertas particularidades de las esculturas.

¿Se puede ser tan preciso conociendo la gran cantidad de pasadizos subterráneos que hay en la ciudad, con mazmorras cuya existencia desconocemos, como sucede en el pasillo-túnel que cruza el río Saône, o el que nace en la calle de Boeuf y se prolonga hasta Vaise: pasadizo que por cierto utilizó el célebre Mandrin durante sus fugas cruzando la ciudad.

Las pesquisas llegaron hasta aquí. El diamante de los judíos sigue sin aparecer. Quizá jamás existiera, pero si la historia que acabo de contar es cierta, este diamante fabuloso cambió drásticamente el curso de la historia de Francia por el juego sutil de ambiciones y codicias.

El recelo referente a los diamantes

¿Conviene sentir recelos al adquirir algún diamante? Tampoco hay que exagerar. No todos los diamantes están embrujados, gracias a Dios; ni sus poseedores tendrán que padecer influjos maléficos como los del Koh-i-Noor o el Hope. Sobre todo cuando estas joyas proceden de una herencia familiar y conocemos sus orígenes.

No obstante, conviene recomendar que no se deberían adquirir nunca joyas de procedencia desconocida, algo que suele suceder a menudo en almonedas o con joyas de las casas de empeño; lo mismo que en las subastas públicas.

Una piedra preciosa tiene vida propia, por eso insistí en la primera parte de este libro en los fenómenos psicométricos. Sólo les recordaré que las piedras pueden acumular en sus cristales emociones: alegría y tristeza o sufrimiento. Luego, se comportan como una pila que libera su corriente, salvo que la piedra no se descarga jamás. Esta acción es comparable a una radiación que se puede difundir, tanto en sentido positivo como en negativo.

Las piedras se pueden recargar

Sabemos hoy que mediante la simple transmisión de nuestra voluntad podemos fijar nuestro espíritu sobre un soporte material. Ya en el siglo XVIII el doctor Anton Mesmer, en su tratado sobre el magnetismo animal, indicaba en veintiocho proposiciones la manera de emplear el magnetismo humano para que actuara sobre la materia receptora.

Un reputado investigador, Charly Samson, nos explicó, en su obra *Magnetismo y sofromagnetismo* (RBA, Barcelona, 2003), los procedimientos al uso. Le cito: «El guijarro deberá estar cargado de una intención formulada según las reglas añadidas a la propia fuerza mental y a su visualización. Este experimento está al alcance de cualquiera siempre y cuando sepamos proyectar nuestro magnetismo en un estado de relajación y de concentración, sabiendo proyectar la fuerza de nuestro pensamiento y visualizándolo. Será imprescindible formular una intención referida a la salud, a los asuntos económicos, a los sentimientos y a las actividades profesionales».

Por tanto, sólo con unos guijarros recogidos en la orilla del mar, preferentemente tras las tormentas equinocciales, repletos de carga

Richard Bessière y Charly Samson comentando sus trabajos.

magnética, dispondremos de «tesoritos» susceptibles de modificar positivamente el curso de nuestra existencia.

En cambio, otros investigadores insisten en la posibilidad opuesta, asegurando que un guijarro también puede estar cargado de energía negativa, esto es, irradiar las ondas nocivas o maléficas que acumula. Esta forma de emplear el «magnetismo humano» nos sugiere aquello que denominamos brujería cuando en realidad son fenómenos explicables.

Las «piedras malditas» existen. Ocupan un apartado próximo al de la psicometría, tema que trataremos más adelante, basado a su vez en la cristalografía, ciencia que permite a determinados investigadores comprender la proyección de las grabaciones acumuladas en los cristales. Una piedra de carga «maléfica» puede ser disimulada en una casa, en un apartamento, incluso en un coche y su radiación puede alcanzar nuestro inconsciente, crearnos impactos emocionales, rechazarnos según el nivel de nuestras propias vibraciones y provocar a largo plazo aflicciones físicas o morales, enfermedades incomprensibles e incluso la muerte, véase sobre el particular la obra de Serge Laforest *Les maisons qui tuent* (Robert Laffont).

Para bien o para mal, según los casos, estos simples guijarros pueden influir en nuestras existencias.

Estas particularidades existen en la naturaleza, donde hallamos piedras «beneficiosas» y otras consideradas «maléficas»; el ónice, por ejemplo, está considerado como una de las piedras «maléficas» hay otras piedras muy apreciadas por joyeros y arqueólogos por su reputación «benéfica», como las ágatas, las cornalinas, el jade o los zafiros. Esto siempre depende de sus radiaciones. Si llevamos puesta una joya cuyas energías negativas se deben a un suicidio, a un asesinato, a genocidios o a sufrimientos físicos y morales acumulados a lo largo del tiempo, nos exponemos a padecer sus radiaciones maléficas. Por descontado, el caso contrario produce efectos opuestos. ¿Pero cómo discernir lo que sucede en el interior de una piedra cuando la adquirimos?

Cuidado con las agujas y los objetos puntiagudos

Permitan que les de un último consejo. Lleven siempre encima objetos redondos o esféricos, como anillos y sortijas, pero nunca broches o agujas no encajadas en un cierre, ni objetos puntiagudos o clavos finos que actúan como receptores de ondas (del mismo modo que el pararrayos atrae el rayo). Las ondas negativas suelen ser atraídas por este tipo de objetos. Por el contrario, resbalan y son repelidas por los objetos redondeados.

Actualmente la ciencia dirige lentamente sus pasos hacia la consideración de estos fenómenos y descubrimientos en materia radiónica, en un proceso que no hace sino confirmar lo que la tradición nos ha transmitido y que durante muchos años despreciamos como fábulas sin fundamento.

8

El tesoro de los zares

La historia no perdona a nadie

Es de dominio público que los zares acumularon inmensos tesoros que todavía levantan pasiones y que han generado prolijas investigaciones. El actual gobierno ruso, al igual que antaño hiciera el Soviet Supremo, evita darle mucha importancia a sus riquezas y evita asimismo la dispersión de estas riquezas por el mundo. Por eso se limita a ofrecer al público las que todavía pueden ser expuestas en un museo, y el mayor secretismo planea sobre los tesoros que contiene la cámara acorazada del Kremlin.

Con el beneplácito de Moscú, la Fundación del Museo Histórico del Palatinado consiguió exponer los «tesoros de los Romanov» en 1994 y más de 300.000 personas visitaron esta exposición. ¿Pero se exponía allí íntegramente la totalidad del tesoro de los zares?

Rusia nunca ha sido proclive a desvelar sus secretos, ni siquiera los más pequeños. La historia no perdona a nadie. Se sabe que en 1719 al zar Pedro el Grande se le ocurrió que para preservar las joyas de su país, todos los zares depositarían en el Palacio de Invierno de San Petersburgo los diamantes que poseyeran. El fue el primero en dar ejemplo. Así, de zar en zar, la colección se enriqueció fabulosamente.

Estas joyas quedaron depositadas en las cámaras secretas del Kremlin para protegerlas de la codicia del pueblo y de un eventual saqueo en caso de invasión. Napoleón sabía lo que quería cuando decidió conquistar Rusia, pero no tuvo ocasión de conseguirlo.

Tesoros destinados a la fatalidad

Estos tesoros permanecieron pues en el Kremlin hasta 1926 «olvidados» por los bolcheviques, a buen recaudo para ser destinados a buenos fines, lo cual parece una solución de lo más razonable. Sobre todo sabiendo el papel que han protagonizado en la historia de la humanidad tantos tesoros de importancia, que se emplearon para financiar rebeliones, conflictos internos e invasiones de países vecinos. En absoluto es descabellado considerarlo.

En cambio, en 1927, con el país hundido en la miseria, Stalin decidió vender el 70 por ciento de las piedras depositadas en el Kremlin en las subastas públicas de Christie's, en Londres. Así fue como las joyas de los zares se dispersaron por todo el mundo. Joyas de indescriptible belleza que, a su vez, no siempre aportaron efectos benéficos a las familias que las acogieron en su seno. ¿Maldición? Tampoco es cuestión de exagerar la nota; porque no hay que dejar al margen la coincidencia, el azar y la superstición...

Uno de los famosos huevos Fabergé perteneciente al tesoro de los zares de Rusia.

Felices pascuas en casa de los zares

Otra tradición merece ser recordada en el marco de la transmisibilidad de los tesoros. Me refiero a la historia de los huevos de Pascua fabricados por Carl Fabergé, que la historia recordará como el creador de los huevos preciosos de los zares.

Todo comenzó en 1884, cuando llegó a San Petersburgo el primer huevo, encargado personalmente por el zar Alejandro III para sorprender a su bienamada esposa, la zarina María. Este huevo provocaría el asombro general. Era de un refinamiento extremado. Estaba hecho de esmalte nacarado translúcido, como el interior de una concha de ostra, y orlado con incrustaciones de oro, de plata y de piedras preciosas.

Esto fue el inicio. Cada año Fabergé tenía que suministrar un huevo a los Romanov, como símbolo de vida y resurrección para la familia imperial. La costumbre se prolongaría durante once años, pero esta tradición no desapareció con la muerte de Alejandro III. Nicolás II, su sucesor, y su hijo Alejandro, perpetuarían la tradición añadiendo una nueva particularidad a este curioso símbolo: que cada uno albergaría una sorpresa y que dicho contenido quedaría en el mayor de los secretos hasta la apertura del huevo.

Por tanto, en la corte imperial rusa, esperaban cada año aquel huevo simbólico creado por el famoso Fabergé: unos conmemoraban alguna fecha importante, como una batalla victoriosa o la coronación de un zar; otros simbolizaban la llegada a Rusia del ferrocarril o el cumpleaños de una zarina; algunos representaban una escena familiar en el yate imperial o la consagración del zar Nicolás II en la catedral de Uspenky. Los huevos siguieron llegando cada año a la familia imperial incluso durante la I Guerra Mundial, en cuyo caso, aparecían adornados con una cruz roja o con medallas militares.

¿Qué sucedió con el quincuagésimo séptimo huevo?

Cuentan que la colección estaba compuesta por cincuenta y seis huevos, todos ellos inspirados en el arte bizantino. No obstante, y sin poner en entredicho la versión oficial, relataré una historia bastante suculenta. Durante algún tiempo, mi primo hermano Albert Malet, fue jefe de gabinete en la prefectura de policía de París, lo cual le permitió frecuentar ambientes políticos, artísticos y demás. A veces íbamos a cenar al restaurante Moscou, muy de moda en aquella época, y allí fue donde, un buen día, fui presentado a Nadia Perescovia, una rusa exiliada, pero cuyo exilio en absoluto la disuadía a la hora de trabajar sobre temas históricos de Rusia, especialmente los relativos a la vida de los zares, su fortuna, su manera de vivir, y muchos detalles más. Afirmaba poseer documentos muy fiables sobre los huevos imperiales y aseguraba que eran cincuenta y siete; para ella y para su grupo de investigadores aquellos documentos tenían marchamo de autenticidad y no podían ser refutados. El tema despertó mi curiosidad.

Si creemos la versión de esta dama, faltaría un huevo de Pascua en la colección de Fabergé. ¿Dónde estaría? ¿Quién se lo quedó? La cifra total ascendía a cincuenta y siete en el momento de producirse la revolución de 1917. Sólo más tarde la cifra fue rebajada a cincuenta y seis. ¿Quién robó el que faltaba? ¿Lenin? ¿Stalin? ¿Trotsky? ¿Sus simpatizantes?

Lo más curioso de todo es el rumor que aseguraba que el huevo en cuestión habría sido hallado por los alemanes durante la campaña de Rusia en 1942 y que formaría parte de los tesoros nazis tan afanosamente buscados tras la liberación. ¡Habrá que estudiar el tema con más detenimiento!

La locura de las joyas

El joyero favorito de María Paulova

Ya que estamos metidos de lleno en temas de orfebrería, permanezcamos un poco más para contar la historia de la duquesa María Paulova, cuyo apetito insaciable por las joyas era legendario. Esta duquesa, de orígenes alemanes, calcó sus ansias de grandeza sobre la Rusia imperial del desenfreno y los lujos exorbitantes.

A menudo fue objeto de críticas por su mal carácter y sus salidas de tono, pero cabe recordar que era la esposa de Vladimir, uno de los tres archiduques de la gran Rusia, ex general de los ejércitos, nieto de Alejandro II, hermano de

La duquesa María Paulova
ataviada con sus joyas.

Alejandro III, y, por tanto, tío del futuro zar Nicolás II.
Para hacernos una idea de la importancia del rango que
ostentaba María Paulova en San Petersburgo.

Todas las miradas se concentraban en ella. Su pasión por las joyas y las piedras preciosas no dejó de suscitar la atención de Cartier, el célebre joyero parisino. Y así fue como Cartier se convertiría en el joyero favorito de María Paulova. Collares, gargantillas, broches y pendientes trabajados artísticamente adornaban a la duquesa, que parecía una joyería ambulante. Su propio perro le hacía los honores a Cartier, pues llevaba un collar de seis hileras de perlas raras rematadas por dos motivos simbólicos con el águila imperial. Corría el año de gracia de 1900.

Una villa de ensueño para Cartier

Voluntariosa y obcecada como pocas, esta cámara acorazada ambulante le insistió a Cartier para que instalara una sucursal en San Petersburgo. Sin reparar en gastos, llegó incluso a ofrecer al célebre joyero el palacio de invierno construido sobre el río Neva, donde actualmente se halla el gobierno civil. Ni el mismísimo Rockefeller hubiese dudado ante tanta generosidad.

Una caja fuerte viviente

La duquesa María Paulova pasaría a la historia como retrato viviente de la opulencia material; llevaba en la cabeza una tiara adornada con diamantes y zafiros, un penacho sobre la frente formado por dos diamantes rectangulares, un collar de perlas que caían hasta sus rodillas, dos collares más de diferentes longitudes, uno de ellos con esmeraldas, y un broche con una esmeralda en forma de pera sujeta a un vestido completamente brocado con perlas finas. ¿Se imaginan la estampa? Sólo le faltaba pesarse cada año para que luego le ofrecieran su peso en oro y diamantes, como el Ali Khan, rey de Siam, y que luego la sentaran en el trono de oro de Atahualpa, el último emperador inca...

Sin embargo, el oro y los diamantes no protegieron contra la enfermedad y la muerte. María Paulova falleció en 1920, abandonando en este valle de lágrimas sus riquezas fabulosas y su apetito por el lujo, pero no vayan a creer que sus joyas fueron sustraidas, perdidas o reconvertidas en ayudas sociales para aliviar los pesares de los pobres mujiks de la época, nada de eso. Los pájaros de presa siempre estaban al acecho.

Y todos se sirvieron...

Un diplomático inglés, Albert Stopford, se ofreció voluntario para ir a San Petersburgo y recuperar disimuladamente los tesoros de la duquesa, pero el destino tenía otros planes. Sus cuatro hijos heredaron las joyas de Cartier: uno las perlas, otro las esmeraldas, el tercero los rubíes y el cuarto los diamantes. La cosa continúa con María, reina de Rumanía, que heredaría a su vez la tiara y los *pedruscos*. La diadema con rubíes de Beauharnais se la regaló Nancy Leeds, viuda del rey del estaño y rebautizada con el nombre de Anastasia a Xenia, princesa de Grecia y nuera de la anterior al contraer matrimonio en 1921 con su hijo William.

Cartier no se quedaría con los brazos cruzados. Adquirió las esmeraldas del penacho para engarzarlas de nuevo en una deslumbrante diadema para Bárbara Hutton, la célebre heredera norteamericana llamada a convertirse en esposa del actor Cary Grant.

¿Qué fue de las quinientas toneladas de oro?

En Rusia, el tesoro de los zares siempre estuvo rodeado de un secretismo casi total. Hasta tal punto que incluso hoy resulta imposible calcular su valor.

El almirante Alexis Koltchak

La historia del almirante Alexis Koltchak ilustra este punto a la perfección. En 1919 tuvo que salir de Omsk, en Siberia, con su regimiento, para dar escolta a un tren especial que transportaba quinientas toneladas de oro perteneciente al tesoro imperial. Huyendo de las masacres de la guerra civil, miles de personas tomaron parte de este éxodo, muertos de frío, de hambre y agotamiento en las tundras heladas donde el termómetro a menudo descendía hasta los sesenta grados bajo cero.

Este calvario tenía que llegar hasta Manchuria, destino final de la expedición, pero el transiberiano fue víctima de ataques dirigidos por los revolucionarios locales. Le detuvieron mediante sabotajes en los raíles y sus puntos de reavituallamiento fueron des-

El almirante Alexis Koltchak, en una fotografía de 1919, se cuidó de custodiar el tesoro imperial hasta Manchuria.

truidos. Las quinientas toneladas de oro tuvieron que ser cargadas sobre trineos que se dirigieron hacia el lago Baikal completamente helado. Así fue como los supervivientes de esta caravana silenciosa, abandonados de la mano de Dios, se tuvieron que aventurar en la banquisa helada, barrida por la nieve y la furia de los elementos. La muerte se cobraba una vida humana cada minuto.

Sin embargo, el ejército de Koltchak, o lo que quedaba de él, seguía cuidando del tesoro imperial a pesar de que las posibilidades de llegar hasta Manchuria iban menguando a cada paso. De pronto se produjo el accidente. Una grieta se abrió en el hielo y se tragó a los trineos. Esta versión ponía punto final a los quinientos mil kilos de oro del tesoro imperial.

La otra versión oficial

Otra versión sostiene que el oro, cuyo peso lastraba considerablemente el avance de la caravana, fue enterrado por unos soldados antes de llegar a Irkusk, cerca de Tomsk. No hay más detalles, porque los soldados, apenas medio centenar, fueron, al parecer, exterminados con fusiles ametralladores para que el secreto quedara garantizado.

Esta versión no menciona la presencia del conocido almirante Koltchak, presuntamente capturado y fusilado por los bolcheviques en 1921, pero quedaban los dos oficiales que ordenaron el ametrallamiento. Uno de ellos disparó al otro y no sabemos qué fue del superviviente. Hay quien asegura que murió en una tormenta de nieve, otros dicen que acabó sus días en Manchuria sin la menor posibilidad de recuperar el famoso tesoro imperial.

¡Quinientas toneladas de oro!, pero bien mirado ¿para qué tanto? ¿para padecer en carne propia la maldición que parece pesar sobre este oro? Dos versiones con finales muy distintos y que los buscadores de tesoros se conocen al dedillo. ¿Pero cual es la verdadera?

Lo cierto es que una parte del tesoro de los zares desapareció de la faz de la Tierra; una fortuna colosal que todavía nadie está en condiciones de recuperar.

Los tesoros no siempre tienen el mismo rostro

Los aposentos de la emperatriz Alexandra

Los tesoros difieren entre sí, sobre todo cuando representan bienes personales propiedad de personajes célebres. Por ejemplo, hay en Rusia dos habitaciones imperiales cuyo renombre sigue apasionando a los aficionados al arte clásico y surrealista.

La primera es la de la emperatriz Alejandra, esposa de Nicolás II. De una vieja cámara con muebles cubiertos de polvo, hizo una habitación encargándose ella misma de la decoración. Esta habitación debía integrarse en los aposentos nupciales con dos camas gemelas de bronce dorado que se alineaban una con otra para convertirse en una cama doble.

Las paredes estaban cubiertas de iconos y regalos procedentes de la familia imperial y de comunidades religiosas de Rusia y de otros países. En la pared derecha había una colección de objetos traídos desde Italia antes de la boda de Alejandra: acuarelas, cerámicas y una copia de la *Madona de Botticelli*. A la diestra de la cama había un pequeño oratorio bañado por una luz votiva permanentemente encendida, y donde la emperatriz rogaba a Dios por su hijo, hemofílico, y por su marido, que sabía expuesto al peligro. Muchos clérigos vinieron hasta aquí para escuchar las confesiones del zar y de la zarina... cerca de la arcada mural donde se hallaba una caja fuerte hábilmente disimulada.

La caja fue descubierta por los nazis durante la ocupación del palacio, en 1941.

Por increíble que parezca, nadie había reparado en aquello durante los veinticinco años en que el palacio fue reconvertido en museo. Durante el régimen soviético, miles de visitantes pasaron a escasos metros de esta caja fuerte sin siquiera sospechar su presencia. Increíble, pero cierto.

Hizo falta una invasión alemana para que aquella caja fuerte fuera descubierta. ¿Y qué hallaron los alemanes en su interior? ¿Era este el escondite secreto de los Romanov? Por descontado, podemos especular con toda clase de conjeturas todas ellas baladíes, pues lo cierto es que este descubrimiento forma actualmente parte del tesoro de guerra nazi, la mayor parte del cual sigue sin haber sido recuperada, pero esto constituye un gran misterio que trataremos en el próximo capítulo.

Los muebles eróticos de Catalina la Grande

Catalina la Grande, emperatriz de Rusia entre 1767 y 1796, legó una extraña herencia que fue rechazada por todos sus sucesores. Transcurridos más de dos siglos, permanece el misterio. Es preciso destacar la personalidad excepcional de esta soberana de nacionalidad alemana. De hecho, Catalina nació en Prusia, hija de un duque y general que siempre mantuvo relaciones tumultuosas.

Muy joven, a la edad de 16 años, Catalina se desposó con el duque Carlos Pedro Ulrich de Holstein, proclamado emperador de Rusia como Pedro III en 1761. Se cree que fue ella quien le obligó a abdicar en 1762, apartando por las mismas razones a su hijo Pablo a resultas de múltiples intrigas palaciegas. A partir de entonces reinaría en solitario, cultivando su reputación de soberana ilustrada y manteniendo correspondencia con los grandes literatos de la ilustración, como Voltaire y Diderot a quienes incluso invitará a su corte.

Esta mujer cultivada, muy temida en política, tuvo además una gran reputación como libertina aunque, como demuestran los retratos de la época, no fuera particularmente hermosa y su porte resultara algo masculino. Estas cualidades no le quitaban un ápice de encanto y nos consta que utilizó sus encantos sin el menor escrúpulo.

Se comenta la existencia de un camarín secreto junto a sus habitaciones, con puerta camuflada por la que sus amantes venían a visitarla. Detalle menor que la historia oficial no suele consignar. Recientes investigaciones ilustradas con fotografías demuestran la existencia de este camarín secreto donde se pueden ver increíbles muebles de sorprendente carácter erótico.

Podríamos citar el dosel de un sillón rematado con una cabeza esculpida con la punta de un falo erecto en la boca, una mesa cuyos pies también son falos en erección y cuya bandeja reposa sobre chorros de esperma en erupción. El mundo de la sexualidad aparece también representado en otros muebles, en la decoración, en los cuadros de las paredes.

Los zares y gobernantes soviéticos siempre negaron la existencia de estos muebles y de estos cuadros por pudor; quienes conocían la existencia de este camarín secreto no tenían permitido hablar de él. Sólo a finales del siglo XX las lenguas empezaron a soltarse. En abril de 2004 un programa televisivo de la cadena *Arte* sacó a la luz este secreto apoyándose en documentos irrefutables. Muebles, doseles y cuadros auténticos, que actualmente tendrían un valor equiparable al de un tesoro, pero ¿qué ha sido de ellos?

Apuntemos en primer lugar que el castillo de Catalina II, situado en los alrededores de San Petersburgo, quedó parcialmente destruido por los alemanes durante la II Guerra Mundial. Luego fue objeto de una maravillosa restauración. Un buen amigo mío, Charly Samson, lo visitó en 1998 mientras proseguían las obras en el salón de ámbar. Lamentablemente, el camarín secreto aún no había sido restaurado y no se podía visitar, pero informaban así a quienes preguntaran por él.

Los soldados alemanes que ocuparon el castillo durante la última guerra mostraron mucho interés por estos elementos eróticos. Parece ser que se llevaron algunos cuadros de Catalina y que algunas de estas obras de arte fueron colocadas como ornamentos en camiones y carros blindados. Qué duda cabe que todo lo que contenía el castillo de Catalina II pertenecía en buena lid a Alemania, dado que este era su país de origen...

La versión oficial es que todo fue embarcado (objetos, telas, doseles, muebles) hacia Konisberg, pero no todos los objetos llegaron a su destino, algunos fueron interceptados en el camino. El castillo fue bombardeado en 1944 y parcialmente destruido. Les faltó tiempo para afirmar que todo aquello había quedado destruido, pero hoy por hoy existen muchos documentos visuales que demuestran que muchos objetos fueron rescatados de la destrucción y quedaron en poder de militares y civiles.

En Alemania, al finalizar la contienda, los rusos recuperaron muchos cuadros y obras de arte. Hicieron inventarios en los que, curiosamente, faltaban los objetos más valiosos: unas ausencias muy comprensibles. Los estadounidenses acumularon, asimismo, muchas obras de arte que siguen almacenadas en voluminosas cajas. Algunas de estas cajas todavía no han sido abiertas y permanecen depositadas en almacenes militares del ejército estadounidense.

Hay más almacenes en otros lugares de Europa donde las «reservas» de muy importantes museos de Europa siguen vedadas a los historiadores de arte, pero también conviene tener en cuenta que hay particulares que poseen «tesoros» indebidamente obtenidos.

Por eso conviene preguntarse si los muebles eróticos de Catalina la Grande fueron realmente destruidos o permanecen olvidados bajo una pátina de polvo en algún almacén secreto.

9

Tesoros benéficos y tesoros maléficos

Las piedras preciosas, los anillos y los diamantes

Las civilizaciones antiguas conocían el poder mágico de las piedras y su utilización en amuletos. Los viejos libros judeocristianos, sobre todo la Biblia, nos cuentan que Adán vestía en el paraíso terrenal ropas cubiertas de gemas. «Estabas en el Edén, el jardín de Dios. Estabas cubierto de piedras preciosas de todas clases: rubíes, topacios, amatistas, diamantes, crisolitas, ónices, jaspes, zafiros, ambar, grandes esmeraldas y también oro», Ezequiel 28: 12-14.

¿Qué poderes debemos atribuir a estas piedras preciosas?

Algunos exegetas han llegado incluso a afirmar que los poderes benéficos de tales piedras eran bastante limitados si tenemos en cuenta el triste destino que conocieron Adán y Eva tras su encuentro con la serpiente.

Mucho tiempo después, Aarón, el hermano de Moisés y primer gran sacerdote de los hebreos, llevaba un collar en el pecho «de oro, de aguamarina, de escarlata, de carmesí y de fibras finas», (Éxodo). Dicen que llevaba consigo doce piedras y, grabados en cada una de ellas, los nombres de las doce tribus de Israel: «en la primera hilera, una sardónice, un topacio y una esmeralda; en la segunda, un rubí, un zafiro y un diamante; en la tercera, un ópalo, una ágata y una amatista; en la cuarta, una crisolita, un ónice y un jaspe», Éxodo 28: 15-21.

Se dice que además, en un bolsillo situado bajo el collar del pecho contenía dos gemas *Urim* y *Tummum,* que permitían conocer la voluntad de Dios y servían para la adivinación. El triste destino de Aarón es conocido. Moisés, que también «disfrutó de tales beneficios», murió sin llegar a ver la tierra prometida y su cuerpo jamás fue hallado.

El rey Salomón (siglo X a. de C.) llevaba, según las leyendas islámicas, un anillo precioso de valor fabuloso que le daba poder sobre los genios, sobre los demonios y sobre la naturaleza. Aquel anillo concentraba más poderes mágicos que todos los tesoros y todas las joyas, pero Salomón perdió este anillo un día cuando se bañaba en el río Jordan. Desposeído de sus poderes, se sumió en la ignorancia, hasta que un pescador, que lo encontró dentro de un pez, se lo devolvió.

Cuenta la leyenda que este talismán sigue estando en la tumba desconocida del rey Salomón y que el que lo hallare se convertiría en el rey del mundo.

El anillo mágico de Carlomagno

Leyendas, leyendas... pero tenemos otro anillo mágico que protagoniza una pequeña historia: érase una vez el anillo de Carlomagno. La historia es conocida, pero conviene recordarla aquí y tenemos razones para hacerlo.

Bajo el influjo de este anillo fabuloso, el anciano Carlomagno se enamoró de una joven alemana hasta el punto de desatender las obligaciones del Estado e incluso su higiene personal. La mujer murió y Carlomagno siguió amando su bello cadáver, del que no quería separarse. El arzobispo Turpin, aprovechando la ausencia de Carlomagno, entró un día en la habitación y examinando el cadáver, descubrió que tenía en la boca un anillo que llevó consigo.

Inmediatamente, la putrefacción se apoderó del cuerpo de la bella alemana y Carlomagno, de regreso al castillo, sólo halló en la cama unos despojos de olor espantoso. Sucedió después una cosa harto extraña. Carlomagno volvió a sus cabales y perdió interés por el cadáver, pero acto seguido su pasión se orientó hacia el arzo-

A lo largo de la historia, los alquimistas, los «hacedores de oro», se han dedicado a la elaboración de joyas con propiedades benéficas.

bispo Turpín, que llevaba consigo el anillo. Estaba pendiente de él día y noche y lo seguía como su sombra. Hasta tal punto que el prelado decidió arrojar el anillo a un lago, pero cuenta la leyenda que Carlomagno se enamoró de aquel lago. Mandó construir junto a él un palacio y fundó la ciudad de Aquisgrán, donde a su muerte recibiría sepultura.

Por supuesto, las leyendas deben ser cogidas con pinzas, pero muchas ilustran, aunque con evidentes exageraciones, la intervención de objetos y lugares que, desde tiempos de Adán y Eva, modificaron en mayor o menor medida el destino de la humanidad.

Recordemos en este sentido el más antiguo de los talismanes hindúes, el maoratma, que era un anillo de oro muy anterior a la era cristiana, con gemas engastadas que representaban cada uno de los planetas o cuerpos celestes girando en torno a un rubí, que era el Sol. Esta concentración de fuerzas cósmicas garantizaba salud, fortuna y felicidad siempre y cuando se respetaran los homenajes y la veneración que le eran debidos. Esta ambivalencia se repite en amuletos y talismanes, que pueden, en determinados casos, volverse maléficos.

El anillo del arqueólogo Howard Carter

Alejémonos un poco de las leyendas y veamos algunas «realidades» no menos inquietantes. Nos han contado muchas veces la historia del arqueólogo Howard Carter, al que debemos el descubrimiento de la tumba de Tutankamón, en Egipto, en 1922.

Dicen que Carter se libró de la maldición de los faraones (véase el capítulo dedicado a este tema) gracias a que llevaba puesto un anillo hallado en Asuán, en la tumba de un sacerdote llamado Jua, y que fue traido a Inglaterra hacia 1860 por otro egiptólogo de renombre, el marqués de Agrain.

El anillo que llevaba puesto Carter estaba cubierto de figuras geométricas: tres lineas rectas, seis puntas y dos triángulos isósceles. Todas estas figuras, perfectamente equilibradas según orden y necesidades esotéricas, protegían de cualquier embrujo o peligro. Si aceptamos la tesis de Roger Laforest y otros investigadores, este anillo, denominado hoy «anillo de Re», habría sido fabricado por los atlantes, siendo los antiguos egipcios herederos suyos. Es una tesis actualmente sostenible en base a investigaciones y descubrimientos llevados a cabo a tal fin. El «anillo de Re» estaría, por tanto, basado, en los principios de la radiónica, una ciencia muy antigua redescubierta recientemente y que trata del estudio de las ondas de forma, ondas cuya influencia sobre los seres humanos pudiera ser positiva o negativa.

En la acepción verdadera del término, no se trata de una maldición, en el sentido que le damos generalmente en la actualidad a la palabra, como tampoco es una superstición.

Las piedras preciosas, las gemas, poseen poderes naturales que conocemos desde la antigüedad. Vivimos en un sistema de radiaciones que pueden perturbar para bien o para mal nuestra existencia, y algunas piedras tienen este poder. Las piedras irradían según su composición y su color. Las piedras pueden, a la larga, «fundirse» con nosotros, pero esta alianza también puede hacerse de manera negativa cuando os separéis de la piedra.

Por supuesto, hay piedras malditas, y he citado algunas en el capítulo anterior, pero nadie ha sido capaz de justificar las causas.

Sólo nos limitamos a constatarlo, pero existen piedras que, sin saberlo su poseedor, pueden convertirse en ondas negativas y afectarnos sin que sospechemos cual es el verdadero mecanismo.

Algo que sí es seguro y que nadie podrá refutar es que nuestra tranquilidad, nuestra salud y nuestra vida están expuestas, a veces, a la voluntad de una piedra calificada como «preciosa».

El célebre anillo de Gengis Khan

Se sabe que Gengis Khan, aquél que en el siglo XII gobernaba Mongolia, China, la India, Afganistán, Persia y media Europa, sacó buen partido de la magia de los mongoles. Una magia que al parecer se materializaba en los objetos. En este caso particular era un rubí legendario con una cruz gamada grabada y que tanto él como su nieto Kublai Khan llevaron siempre en el dedo índice de la mano derecha.

El emperador mongol
Gengis Khan, llegó
a gobernar gran
parte de Asia
y media Europa.

Célebres historiadores mostraron su extrañeza ante un caso como el de este hombre inculto, que cuidaba rebaños, acompañado por un puñado de pueblos nómadas, pudiera dominar imperios y mil pueblos más avanzados que el suyo. En referencia al anillo conviene señalar que llevaba grabado un signo introducido en la India por los arios, pueblo nórdico al que muchos historiadores atribuyen orígenes hiperbóreos, desaparecidos hace mucho tiempo. Este signo aparece grabado en antiguos monumentos indios tal y como indican el *Mahabarata* y el *Ramayana* (textos sagrados de la antigüedad clásica de la India). Lo solían llevar encima porque tenía poder beneficioso. Si tenía las aspas curvadas a la derecha era una esvástica dextrógira

No olvidemos que Hitler conocía la magia de los mongoles, y en su orgullo desmedido, sencillamente alteró la dirección de las ramas; obtuvo la esvástica sinistrógira

Si tenemos en consideración las leyendas indias y tibetanas y todo lo que nos contaron sobre este particular, al cambiar la orientación de las aspas Hitler obtuvo una esvástica invertida, por tanto una esvástica maléfica que se habría vuelto contra él.

¿Pero qué fue de aquel anillo de Gengis Khan? Nadie lo sabe actualmente, pero parece ser que está en Asia y que muchos políticos lo siguen buscando.

Cuando hablamos de tesoros no siempre estamos hablando de oro, plata y piedras preciosas. Un tesoro puede ser también algo raro, muy preciado; cosas que quisiéramos tener y a las que dedicamos un afecto particular, intenso.

10

Egipto, China y sus tesoros arqueológicos

Para acabar con algunas prácticas criminales Egipto está intentando, con la intervención de la policía y los servicios secretos, preservar el rico patrimonio de un país que dejó fabulosas huellas sobre el conjunto de la humanidad. Pese a ello, siguen produciéndose actos de expolio y saqueo: podemos afirmar que Egipto es el país más saqueado de la Tierra.

En 1992, unos ladrones penetraron en un templo lejano de Der el Medina, al otro lado del Valle de los Reyes, para obtener unas reliquias, cuyo destino actualmente se desconoce. Poco tiempo después, a 160 km de Asuán, en pleno desierto, apareció una estatuilla de Ramsés. También habría de ser robada: una pieza al parecer de valor inestimable. Afortunadamente los ladrones fueron detenidos y obligados a devolver la pieza en cuestión.

No son sólo las piedras

La codicia de los saqueadores de tumbas

Las mismísimas momias siempre han despertado la codicia de los saqueadores de tumbas, tanto como interés sus rituales y extrañas creencias. En época medieval se saqueaban las tumbas egipcias

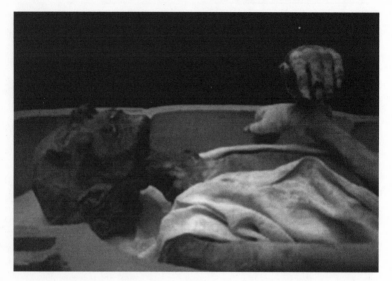

La momia de Ramses II actualmente expuesta en el Museo de El Cairo.

para apoderarse de las momias, pues se creía que estaban dotadas de poderes medicinales o afrodisíacos, hasta el extremo que la gente adinerada siempre llevaba un saquito de polvo de momia, llamado *mumia*. Era éste un próspero comercio que se implantó con éxito en Europa.

Se cuenta la anécdota de Francisco I, que siempre llevaba un trozo de momia colgando de su cinto y lo consumía a su antojo, según afirmaba, para preservar su salud.

Esta idea estaba tan extendida en las mentes que bien entrado el siglo XX, muchos hombres de ciencia realizaban investigaciones con consumidores de momia para conocer sus reacciones y efectos secundarios. Durante siglos las «momias comestibles» fueron verdaderos tesoros, pagándose el gramo a precio de oro.

Cuando interviene la ciencia

Hace más de un siglo, un descubrimiento que se produjo en Der El-Bahar acabaría con estos comportamientos ridículos. Allí, en una cámara mortuoria secreta, se econtraron hasta 36 sarcófagos de reyes y reinas, incluido el del mismísimo Ramsés II. Para protegerlas, las momias reales fueron exhumadas y depositadas en una galería del museo de El Cairo. Procedimientos científicos modernos con gases inertes que no producían deterioro en los cuerpos momificados permitirían ponerlos a salvo de cualquier degradación. Estos trabajos culminaban la tarea de antiguos sacerdotes: la ciencia del siglo XX tomaba el relevo de las antiguas creencias religiosas.

Aquellos lectores que hayan tenido ocasión de visitar el museo de El Cairo y que hayan tenido ocasión de contemplar por unos instantes estas momias que parecen dormir en un ataúd de cristal, se sentirán transportados de vuelta a recuerdos que nunca olvidarán. ¿Cómo olvidar los rostros de aquellas personas que murieron con la esperanza de regresar algún día a la vida feliz de la otra orilla del Nilo? Dudo mucho que se pueda estar más cerca que ellas del gran misterio y de la eternidad.

Maravillosos tesoros que nos han sido legados en su inestimable riqueza.

La maldición de los faraones

Existe, por supuesto, un revés de la trama. Empezó en 1923 con la muerte violenta de lord Carnarvon, el arqueólogo que junto a Howard Carter descubrió la célebre tumba de Tutankamón.

Después se produjo un apagón general que todavía no ha sido explicado y que sumió a toda la ciudad de El Cairo en la más absoluta oscuridad. Se produjo entonces la muerte del joven hermano de lord Carnarvon y de la enfermera que lo cuidaba. Lady Carnarvon y su secretario corrieron la misma suerte.

Más tarde, en 1967, durante la exposición en el Grand Palais de la momia de Tutankamón y sus tesoros, estalló una violenta tormenta, provocando la caída de la ministra de asuntos culturales egipcia en mitad de la calzada, muriendo atropellada por un camión. Más o menos simultáneamente, en El Cairo, cayó fulminado por causa de una hemorragia cerebral Mohammed Medhi, jefe de los servicios de patrimonio cultural egipcio (parece ser que él fue quien autorizó la realización de esta exposición en París). Un mismo acuerdo fue otorgado para la exposición en el British Museum de Londres por Kamel Marhez. Este diplomático también fue víctima de una hemorragia cerebral.

Todos estos acontecimientos, aunque muy repetidos, pueden ser cosa del azar o simples coincidencias acumuladas, pero ¿se puede afirmar taxativamente que esta maldición nunca existió cuando sabremos que los egipcios eran altos quiromantes e iniciados en la práctica de la magia negra?

La pirámide de Keops: tesoso arqueológico y tesoro cósmico

Resulta evidente que para un espíritu materialista, este monumento es sólo una curiosidad arquitectónica y poco más. En realidad estamos frente a uno de los mayores misterios de la humanidad, si no el mayor. Qué duda cabe que espíritus fantasiosos han elaborado mitos a cual más delirante, pero quedan en pie hechos concretos y comprobaciones que demuestran que la gran pirámide es algo más que un simple amontonamiento de bloques de piedra.

Los arcanos de la construcción residen en las proporciones y medidas de la obra misma, una obra calculada en base al cosmos y cuyas dimensiones desorientarán a quienes carezcan de las cla-

La pirámide de Keops está situada en Necrópolis de Ghiza, en las cercanías de El Cairo.

El conjunto de las tres pirámides de Ghiza representan una de las maravillas del Mundo y son una obra maestra de la arquitectura.

ves necesarias. En realidad, la gran pirámide se presenta como una fantástica enciclopedia de ciencias físicas, astronómicas y astrológicas. Está comprobado que se halla a 2 km del paralelo 30° latitud norte, porque en caso contrario quedaría atrapada por la movilidad de las dunas, lo cual demuestra que su condición de monumento geofísico dependía del lugar predestinado por la naturaleza misma del terreno.

Podemos considerar asimismo que el Sol, la Luna, las radiaciones y demás fuerzas cósmicas desempeñaron un papel primordial en esta construcción. Así, comprobamos que la altura vertical indica la distancia entre la Tierra y el Sol, que la medida de la base nos da la cifra exacta de 365 días y cuarto, mientras que la suma de sus diagonales nos devuelve la duración de una revolución terrestre por los equinoccios. En cuanto a su peso, comprobamos que el de la gran pirámide matiene una relación proporcional exacta con el peso de la Tierra.

Imaginar es gratis, dirán algunos. Sin embargo, relaciones similares aparecen en la Biblia, al comprobar, por ejemplo, que el peso del Arca de la Alianza equivale a 1/100ª de la gran pirámide, esto es, 1/100ª elevada a la 17 potencia para el peso de la Tierra.

En cambio, hay cosas todavía más extrañas, y es que al comprobar que la geometría piramidal aparecerá más adelante, tanto en valores como en dimensiones en la arquitectura de otros lugares sagrados, incluído el templo de Salomón construido por Hiram, aquel famoso templo alrededor del cual giran todavía –no lo olvidemos– muchos misterios e interrogantes. Como si todos estos monumentos hubieran sido construidos según determinadas verdades espirituales.

Quizás conviniera añadir que la gran pirámide fue construida según la proporción aúrea y según las misteriosas leyes de los números sagrados. Precisemos sobre el particular que los números sagrados son la expresión misma de la ciencia de antiguos pueblos, y que las lenguas griega, hebraica y fenicia, entre otras, eran lenguas numéricas en las que cada letra tenía un valor equivalente en cifras. Y que los nombres eran a su vez números. Por ejemplo, en hebreo, el nombre de Israel equivalía a la cifra 541; y si tomamos los nombres de los tres fundadores de este pueblo, Jacob, Moisés y David, descubriremos que Jacob es 182, Moisés 345 y David 12. Su suma da 541.

Incluso las acciones tienen valores numéricos. En el Antiguo Testamento, por ejemplo, el 7.° patriarca es Enoch y siete representa los días de la semana y su vida dura 365 años, que es el número de los días del año.

Veamos el Antiguo Testamento, compuesto por tres libros: el Pentateuco de Moisés, de los Profetas y de los Hagiógrafos. Tres libros compuestos de 22 capítulos cada uno, y cuya suma da 66. Esto es lo que mi colega Jean Groffier, titular de relevantes estudios sobre el tema, denomina matemática y geometría de la Biblia. Ciertamente, la Biblia es un libro geométrico.

Nos habla de un versículo, el de Isaías, que reza así: «llegará el día en el que un altar se elevará en el centro del país de Egipto en honor al Eterno». Esta frase codificada en cifras resultaría 5814, y si calculamos la altura de la gran pirámide en codos sagrados (a 25 pulgadas por codo) obtendríamos el número 5814.

Ciertamente, entramos en el ámbito del simbolismo, pero la civilización egipcia sólo se entiende abriendo la puerta de los símbolos, dado que los egipcios se encerraron siempre en este mundo interior. Seamos pues prudentes a la hora de abrirla, porque nunca se viola el secreto de un tesoro impunemente, ya sea espiritual o material. ¡Sobre todo cuando voluntades superiores custodian su acceso. Y nos consta que los antiguos egipcios fueron verdaderos maestros en el arte de custodiar sus secretos.

No muy lejos de la gran pirámide hallaremos a la Esfinge, que sigue estando allí. Como cruel guardián de una civilización que se pierde en la noche de los tiempos, una esfinge que queda como eterno interrogante del misterio de la creación y del destino de los hombres, pero... ¿podríamos calificar la pirámide de Keops de tesoro prohibido?

China y sus increíbles tesoros

Hubo en Francia una exposición de descubrimientos arqueológicos chinos en 2000 y 2001, en el Petit Palais de París. Más de 200 piezas que iban desde la dinastía Shang (siglo XVI a. de C.) a la dinastía Liao (siglos X, XI y XII) ambas procedentes de la provincia de Shanxi; y otros piezas de la dinastía Zhu procedentes de Mongolia interior.

Sin embargo, lo más increíble eran dos instrumentos muy utilizados por los chinos; la campana y el carillón, cuyos timbre, grave y cristalino, producía un enlace armónico que aparece en todas las obras musicales chinas. Si exceptuamos a la dinastía Qing, cuya trayectoria seguimos hasta 1911, los instrumentos que se exponían eran de la era neolítica (unos 5.000 años antes de Cristo).

Destacaba una magnífica campanita de la cultura Quijaling, un tambor de bronce de la dinastía Shang y las campanas del monasterio de Sangxuan. También había muchas piezas arqueológicas consideradas auténticos tesoros.

China también tiene otros tesoros

Con el título «Tesoros de una civilización perdida» la República Popular China expuso en Estados Unidos, en 2002, importantes obras de arte que dan fe de la existencia de una civilización desconocida en la provincia de Sichuan.

Eran ciento ochenta y un objetos descubiertos en dos grandes fosas de sacrificios de enclave de Sanxingdui cuya antigüedad remonta a 3.000 años atrás. Esto sucedió en 1986. Mientras unos obreros buscaban arcilla para un fabricante de ladrillos, descubrieron cientos de objetos únicos cuidadosamente dispuestos en estas placas de arcilla.

No cabe la menor duda de que se trataba de sacrificios rituales. Los objetos expuestos incluían esculturas de bronce que representaban criaturas sobrenaturales, vasos votivos de bronce fundido, cuchillos y puñales finamente labrados, máscaras, pájaros de bronce y otras delicadas piezas de cerámica y de jade. Aunque todos estos objetos que están sepultados mantienen su misterio, nos han permitido descubrir nuevos aspectos de la civilización china de la edad de bronce, desconocidos hasta ahora en el ámbito de la arqueología mundial.

En cambio, aquella época tuvo sus épocas terribles: rivalidades, luchas intensas y saqueos; lo cual explicaría por qué hallaron aquellos objetos tan cuidadosamente ocultos, probablemente con la intención de recuperarlos más adelante. También merece la pena destacar que en las tumbas de Sichuan revelan las mismas creencias de los egipcios respecto a los bienes terrestres en el otro mundo. Las tumbas ricamente decoradas que evocan nociones de inmortalidad, que traducen la emocionante cultura de esta civilización perdida.

Descubrimiento de la «escritura más antigua del mundo»

Si proseguimos en esta dirección y aceptamos las declaraciones de unos científicos chinos, nos cuentan que en el desierto de Gobi que habrían sido descubiertas unas curiosas tabletas con escritos en una antigua lengua desconocida, una lengua de la que más tarde derivará el zen y que, según algunos, relataría los orígenes de la humanidad antes del diluvio. Estas tabletas se remontarían a más de 12.000 años y fueron descubiertas en Baïlan Karaüla. Solamente una de ellas contendría toda la genealogía real anterior a la del Dalai Lama.

La Academia de Prehistoria de Pekín, bajo la dirección de Tsun Ung Nlui, cree que se trata de una escritura atribuida a los dropas. ¿Quiénes eran los dropas? Los describen como

Escritura perteneciente a una lengua desconocida.

hombrecitos de 130 cm de altura que hasta la fecha no han podido ser clasificados. Sus esqueletos fueron descubiertos en el desierto de Gobi, cuya antigüedad se remontaría asimismo a unos 12.000 años, según las pruebas de Carbono 14. Si nos basáramos en esta datación, cabría pensar que aquellas criaturas esculpieron aquellas tabletas descubiertas en Baïlan Karaüla.

¿Es el tesoro de más antigüedad de la Tierra con la escritua más antigua conocida? Por desgracia, China mantiene el mayor de los secretos sobre este particular y nos resultaría imposible obtener una respuesta concluyente a esta pregunta: ¿quiénes fueron los drupas?

El tesoro de los Ming: ¿tesoro maldito?

El 10 de septiembre de 1368 sonaba campana de difuntos para la dinastía de los Yuan, fundada un siglo antes por el gran Kublai Khan, nieto de Gengis Khan. Aquella noche, el emperador Shun-ti abandonaba su palacio de Pekín para refugiarse en Mongolia con sus tesoros, mientras que a Hong Wu lo proclamaban emperador todopoderoso. Así se creó la dinastía de los Ming.

Y Hong Wu, hijo de labriego y antiguo bonzo, no era más que un jefe rebelde, el que, atendiendo al llamamiento de la secta budista del *Loto blanco* decidió librar a China de la dinastía Yuan. Lo hizo tan bien que llegó a ser un emperador respetado, aclamado y reconocido por todos los grandes soberanos extranjeros. En su ambición, soñó con grandes expediciones marítimas y también con su expansión por los mares del Sur, pero murió antes de poder ver realizados sus proyectos.

Uno de sus sucesores, Zu-Di, asumiría el relevo en 1405 para continuar esta gigantesca empresa; esto sucedió antes de que nacieran los grandes descubridores, como Cristóbal Colón, Américo Vespuccio, Magallanes, Jacques Cartier y muchos más. De hecho los chinos fueron los primeros grandes navegantes.

Aparte de la brújula, empleaban otros descubrimientos desconocidos hasta la fecha; como los cohetes iluminadores por la noche para ubicarse en zonas costeras. Gracias a esto, pudieron enviar a los mares más de 200 barcos sólidamente construidos y que llevaban a bordo marinos, sabios y soldados en busca de metales preciosos.

Las expediciones se dirigieron hasta el golfo Pérsico, pasando por Malacca, Ceylán, la India. Otros establecerían contactos permanentes en las costas de África oriental. Tras algunos saqueos, con el oro y las piedras preciosas regresaban a China, añadiéndose al botín los tributos concedidos a los Ming por los reinos locales de regiones recién descubiertas.

Esto afianzó el poder de la dinastía Ming. Ninguna dinastía tuvo mayor abundancia, opulencia y poderío, pero cualquier país rico debía proteger su arte. La dinastía Ming se impuso el florecimiento de la creación artística. La arquitectura resplandeció, con mansiones decoradas con bajorrelieves, con su mobiliario guarnecido de refinamientos de todo tipo, con lacas de tono oscuro, las porcelanas, los esmaltes, las jarras de curvas puras, las mesitas bajas, las sillas de ébano esculpido. Piezas todas que demostraban la magnificencia imperecedera de los Ming.

Sin embargo, las riquezas y la alta potencia del imperio Ming no impidieron que sus últimos vástagos se entregaran a los fastos más bárbaros y aberrantes. Emperadores cuyas «hazañas» reanudarán los manchúes, con fiestas vergonzantes donde se repetían

El lujo y la opulencia siempre
estuvo presente entre
los emperadores de la
dinastía de los Ming.

atrocidades nunca alcanzadas hasta entonces. El vino manaba a chorros sobre fuentes donde se bañan desnudas las chicas más bellas de la región. Durante siete noches los cohetes y los fuegos artificiales alumbrarían las noches, mientras grandes elefantes iban y venían por las plazas públicas aplastando con sus enormes patas bolsas en cuyo interior había cuerpos de esclavos atados y estirados. La plaza era un enorme barrizal de carne y huesos rotos: en este lodazal bailaban, cantaban, reían y bebían. Pekín vivió una fiebre como nunca conoció.

Durante más de dos siglos, China quedaría ensangrentada por los saqueos, los asesinatos y el genocidio fraterno, para apoderarse de las riquezas imperiales. ¿Qué fue de aquellas riquezas? Los historiadores chinos creen que habrían quedado a salvo en Mongolia. Exactamente lo mismo que hizo el último emperador Yuan en 1368. La historia parece confirmar esta versión cuando se relata que los invasores manchúes no hallaron en Pekín suficientes piedras y oro para satisfacer su apetito.

¿Tesoro maldito? Todos los tesoros manchados de sangre lo están. De esta maldición tampoco se librarían los Ming ni los que a

Los famosos guerreros de terracota de Xian que protegían la tumba del emperador Qin Shi Huangdi.

continuación intentaron descubrirlo; actualmente las investigaciones se realizan en Mongolia a unos 30 km al sur de Ulan Bator, la capital. Oficialmente nada se afirma al respecto y tal vez sea mejor así.

El extraño descubrimiento de las estatuas de guerreros y caballos en terracota

Quisiera, desde aquí, rendir homenaje a la señora Kuang, a la que tuve ocasión de conocer en París, en la embajada de China, donde estaba en representación del Centro Cultural de Pekín, y agradecerle que me permitiera tratar de cerca otros fascinantes descubrimientos.

Uno de ellos, el más increíble, sucedió en la primavera de 1974. Los miembros de una comuna popular no salían de su asombro cuando hallaron, mientras excavaban una tumba, las primeras once galerías recubiertas con ladrillos que guardaban en su interior estatuas de terracota dispuestas en formación de combate sobre treinta y ocho hileras. Hallaron más de ocho mil, de tamaño natural, y todas perfectamente conservadas. Un hecho excepcional en la historia de la arqueología.

Quedé estupefacto cuando supe que cada rostro de cada guerrero es diferente a los demás. No salen del mismo molde. Me explicaron que fueron moldeados a partir de la máscara mortuoria de los soldados caídos en la batalla... Si los miramos con detenimiento comprobaremos que cada estatua tiene su propia personalidad, su propio rostro, como si presenciáramos la reencarnación de un ejército diezmado. Héroes inmortalizados, algunos junto a sus caballos, conservando en terracota su deseo de vivir más allá de la muerte. Emocionante descubrimiento que a nadie dejará insensible. Es éste un tesoro «viviente» único en el mundo.

Hablemos de la Gran Muralla

En el siglo III a. de C. China se fue fortificando creyendo en sus leyendas y al final de la dinastía Tsú, con un nuevo emperador llamado Tsi Tche Wang Ti, se iniciaron las obras de construcción de una barrera material conocida con el nombre de Gran Muralla, que con su carácter misterioso es una de las maravillas del mundo.

Serpenteando por las crestas de montañas abruptas y por el fondo de profundos valles, la Gran Muralla tiene más de 6.300 km de longitud, desde el paso de Chanaï Kun hasta el paso de Kiu

Vista de la Gran Muralla.

Kang en la provincia de Kantsú, y de ahí procede su nombre chino Wang Li Tsang Tshen «la muralla de diez mil lys».

Hacia el siglo V a. de C., estados rivales de la China levantaron muros para protegerse los unos de los otros. Cuando Tsi Tché Wang Ti, primer emperador Tsin, unificó el imperio, enlazó entre sí y reforzó las murallas ya construidas. Quería dejar claro que con él se iniciaba la historia de China. Mandó confiscar y quemar los archivos del Estado y las obras históricas no relacionadas con él, levantando así otra barrera con el pasado, barrera que se consolida con la construcción, a la vez material y espiritual, de la Gran Muralla.

La Gran Muralla está jalonada de aspilleras, canalones y matacanes a distancias regulares de varios cientos de metros y tiene dos bastiones en dos plantas con un puente de guardia en lo alto. Terrazas concebidas para las señales ópticas están instaladas en la muralla, en las cimas de las montañas para comunicar informaciones militares a la capital, lo cual permitiría a las autoridades tener tiempo de adoptar las medidas defensivas requeridas.

La Gran Muralla recorre China a lo largo de 6.300 km y estaba destinada a proteger el imperio de los ataques del exterior.

Un tramo de la Gran Muralla en el que puede observarse una de sus aspilleras y su recorrido por la cima de las montañas.

Más de medio millón de hombres trabajaron durante 40 años en esta obra gigantesca. Entre los miles de trabajadores muertos en el trabajo, muchos recibieron sepultura entre las piedras de la Gran Muralla para, según creían, alejar los malos espíritus. Muchos fueron emparedados vivos. Han sido descubiertos esqueletos de niños cuyas posiciones indicaban que sufrieron terriblemente antes de morir asfixiados. Cierto es que a los chinos no les gusta evocar un periodo de su historia marcado por la barbarie y las creencias mágicas más negras y odiosas. Si el conjunto de la Gran Muralla puede considerarse en su totalidad como un inmenso tesoro arquitectónico, no es menos cierto que los tramos en donde fueron sacrificadas víctimas inocentes adquieren carácter maldito. Apartemos cualquier superstición en este particular y regresemos a los fenómenos ya tratados en esta obra en «la memoria de los muros» donde se cuenta que en los lugares impregnados de dolor los muros quedan impregnados de ondas malsanas que alimentan estas energías sutiles. Acumuladas, reconcentradas y difundidas posteriormente, estas ondas pueden someternos a su influencia; no necesariamente acaban diluyéndose y pueden concentrarse en un soporte que las conserva y asegura su radiación. Esto es lo que sucede en la Gran Muralla. Algunos tramos desprenden un permanente malestar que afecta a las personas más delicadas o sensibles.

11

El mar y sus tesoros

Barcos sumergidos

El descubrimiento extraordinario de Lattes

En los enclaves etruscos suelen aparecer objetos de alfarería que acreditan la riqueza de sus exportaciones. Lamentablemente la escritura etrusca, que data del siglo VII a. de C. sigue presentando muchos enigmas y no podemos saber el origen y el destino de estos barcos naufragados y sus preciosas piezas de alfarero.

A sesenta metros de profundidad fue descubierta una importante carga de ánforas. Fue hallada cerca de Lattes, en el departamento de l'Hérault, que era un centro portuario a orillas de una laguna muchos siglos antes de Cristo. El descubrimiento fue asombroso, hasta el extremo que es considerada la mayor nave antigua naufragada jamás descubierta. El peso del navío, de unas 30 toneladas, uno de los mayores barcos comerciales de aquella época. La carga transportada eran unas 800 ánforas.

¿De qué puerto procedía aquel barco sumergido? ¿Hacia dónde se dirigía? ¿A quién llevaba tan preciado cargamento? Es probable que las ánforas contuvieran vino, y pensamos inmediatamente en el vino de Caere, un vino etrusco que consideraban muy refinado y que era muy apreciado, sobre todo en Grecia.

Este extremo parece haber quedado confirmado por descu-
brimientos arqueológicos que demuestran que en el siglo VI
antes de Cristo, la Etruria meridional practicaba este tipo de
comercio. En su apogeo como pueblo cultivado, esta civili-
zación atesoraba una extraordinaria habilidad para la crea-
ción de bronces y cerámicas. Una producción abierta al
mundo bajo el signo del intercambio floreciente.

Otros fabulosos restos de naufragios en la cuenca mediterránea

Françoise Mayet, responsable de la misión arqueológica francesa
en Portugal, nos narra la historia de la nave sumergida de Port-
Vendres que está a siete metros de profundidad y que puede ser
considerada el descubrimiento más importante de los útimos veinticinco años.

Este barco debió zozobrar en el año 40 o 50 después de Cristo.
Datación basada en los lingotes de estaño puro que formaban parte
del cargamento y que procedían de Lusitania. También han descubierto lingotes de cobre y de plomo extraídos de Sierra Morena.

Valiosas piezas romanas descubiertas bajo el mar.

Conjunto de ánforas
encontradas en un pecio en
las aguas del Mediterráneo.

Este tesoro marino queda complementado por las ánforas de aceite
fabricadas en el valle del Guadalquivir, para vinos de la Península
Ibérica, las salmueras y las almendras originarias del litoral de la
Bética.

> *Puede que se tratara de una nave de carga propiedad de un
> «naviculario», dueño a la vez del barco y de su carga-
> mento, o quizás perteneciente a un grupo de propietarios
> que obtuvieron los servicios de un armador como sucede
> aún en nuestros días. Sabemos incluso el nombre de uno de
> ellos:* Quintus Urittius Revocatus.

Esta nave atravesaba la cuenca occidental del Mediterráneo
con destino al imperio romano, como muchas otras que zozobraron y fueron descubiertas junto a las costas ibéricas y la isla de
Mallorca, verdaderos tesoros submarinos que, aparte de bronces y
jarras de cerámica preciosas, han permitido sacar a la luz piezas
numismáticas excepcionales, monedas a punto de desaparecer en
el año 260 a. de C. En el *Cabrera III*, por ejemplo, tenemos piezas

que pertenecieron al sector monetario hispano-africano; son documentos únicos de la historia económica de estas regiones en la época romana.

Sin embargo, los descubrimientos submarinos no se limitan a ánforas y cerámicas decoradas o bronces finamente labrados. Hay mucho más y mayores sorpresas.

Descubrimientos que hicieron temblar los cimientos de la historia

En el sur de Grecia, en los fondos marinos de la isla de Santorín, sacaron a la luz vestigios de una ciudad de más de 3.500 años de antigüedad. Una ciudad y una isla prácticamente destruida por la explosión de un volcán en el siglo XV antes de nuestra era. El derrumbe de una isla que fue evocado por Moisés en el Éxodo, la ola gigantesca que provocó inundaciones en Egipto, en el delta del Nilo y barrió con su furia la costa norte de Creta. Una catástrofe que seguramente provocaría el declive de la civilización cretense.

Según los vulcanólogos modernos, podemos imaginar asimismo esta escena apocalíptica y brutal que lo destruyó todo en cuestión de minutos. El estallido y colapso de la isla se cuentan en-

Descubrimientos realizados en los fondos marinos de la isla de Santorín.

tre las mayores catástrofes naturales que la humanidad conociera jamás. El de la isla de Santorín fue peor que el de Pompeya, quince siglos antes que la erupción el Vesuvio.

Los vestigios hallados corresponden a los restos de una casa de una o dos plantas, aposentos y utensilios de todo tipo prácticamente intactos, y vasos con curiosas inscripciones. Un tesoro arqueológico submarino, uno de los más importantes del siglo XX y maravilla entre los yacimientos arqueológicos actuales.

En cambio, lo más extraño y lo más increíble es el descubrimiento de un magma de metal verde que incluye engranajes, ejes, ruedas, balancines, agujas finamente trabajadas en el interior de cuadrantes excéntricos. Tal y como demostraron investigaciones oficiales, se trataría de un reloj astronómico que dataría del siglo I antes de Cristo y que indicaba las posiciones del zodíaco, los movimientos de las mareas, las revoluciones de los planetas, el año en curso, los meses y las divisiones horarias del día.

Este aparato fue adquirido por un sabio de la época. Hoy, debidamente reconstruido, permanece en exposición en Siria, en el museo de Damasco. Entonces... ¿quién pudo haber construido semejante aparato? Sobre qué clase de tesoro desconocido estamos hablando y qué otras sorpresas nos depara la exploración submarina de otros mares del globo?

Aparatos desconocidos hallados frente a las costas de Grecia.

El descubrimiento del primer submarino del mundo

En la actualidad se están llevando a cabo las tareas para el rescate de los restos de un naufragio localizado a quince metros de profundidad en la bahía de Charleston. Un barco naufragado considerado como uno de los más preciados del mundo marino. Se trata, de hecho, del primer submarino, construido en 1863, mucho antes que el propio *Nautilus*, el célebre sumergible que imaginara Julio Verne en su novela *Veinte mil leguas de viaje submarino*.

El Weesalonik*, considerado en su época un arma revolucionaria, efectuó el primer ataque submarino durante una inmersión de apenas unos minutos. El oxígeno se suministraba mediante bombas accionadas manualmente por marineros contratados a tal efecto por Hunley y Dickson, que firmó el diseño del prototipo.*

Nadie pondrá en duda el valor histórico de tales restos naufragados. ¿Pero sabían ustedes que el tal Dickson, uno de los constructores presenta –según los investigadores y en clave monetaria–, un interés muy particular? ¿Por qué? Pues resulta que durante la guerra de Secesión norteamericana, Dickson escapó de la muerte gracias a una moneda que llevaba encima. La bala se desvió después de impactar sobre la moneda. Y esta moneda, deformada, valdría hoy 10 millones de dólares... Mucho dinero por una moneda de 50 centavos.

Las investigaciones arqueológicas

Restos de naufragios perfectamente conservados

Entre los navíos recuperados de más antigüedad, destacan unos que datan de hace 2.700 años, dos de ellos aparecen cargados con ánforas llenas de vino de Tiro y se dirigían a Egipto. Eran naves fenicias de unos veinte metros de eslora, rescatadas en 1989 frente a las costas de Israel por el estadounidense Robert Ballard, a quien debemos también el descubrimiento de los restos del *Titanic*.

A quinientos o seiscientos metros de profundidad, la escasez de oxígeno disuelto, la carencia de luz solar y las altas presiones per-

Submarinistas en acción estudiando un yacimiento submarino.

miten conservar mejor los testimonios históricos, lo cual justificaría la existencia de naves sumergidas en excelente estado de conservación, como la recientemente descubierta en Turquía, a la que atribuyen 3.500 años de antigüedad.

Las fechas aproximadas nos la da calidad de las anclas de piedra, las vasijas y los inciensarios encontrados; unas ánforas de la época de Tiros descubiertas en estas naves hundidas, pero también podemos recurrir a la dendrocronología, que es la técnica del análisis de los anillos de crecimiento de los árboles cuya madera se empleó en la construcción de estas naves.

El del archipiélago portugués de la Azores está considerado como uno de los fondos marinos más ricos del planeta, dado que eran una escala obligatoria en la travesía del océano Atlántico. Unos ochocientos navíos españoles y portugueses, muchos de ellos cargados de oro, zozobraron aquí; a veces por culpa de una tormenta o por ataques, en un tumulto de olas o de cañonazos.

Por esto tenemos, en el fondo del mar, el museo más grande del mundo, con cientos, millares de barcos hundidos y que aún no han sido descubiertos, barcos que se llevaron con su naufragio, lingotes de oro, porcelana china, vasos etruscos, y otros tesoros de antiguas civilizaciones perdidas como una gigantesca caja de caudales submarina cuya llave nos falta encontrar.

Y en nuestros días... ¡la ley de la jungla!

Fue en 1966 cuando, el entonces ministro de cultura francés, André Malraux, creó el departamento de investigaciones arqueológicas submarinas, que institucionalizaba la obligatoriedad de declarar cualquier navío naufragado hallado en aguas territoriales.

Actualmente se pueden llevar a cabo búsquedas a profundidades antaño vetadas y establecer reglas que limitan las aguas territoriales a 12 millas náuticas (unos 22 km) de la costa. Francia, por su parte, se reserva la propiedad absoluta de los tesoros engullidos por las aguas, rompiendo así con tratados internacionales que autorizaban el reparto entre el Estado y los descubridores de los restos. Ciertamente, estos tratados nunca han sido muy respetados por nadie, por ninguna de las partes, por lo que los descubridores prefieren vender por su cuenta una simple ánfora que puede valer más de mil euros.

Sin embargo, la situación se pone seria fuera de las aguas territoriales. Cualquier barco hundido y rescatado pertenece a su rescatador, pese a la ley de 1982 referente a la protección de tesoros submarinos y basada en los esfuerzos de la Unesco por evitar la explotación comercial de los restos de naufragios.

Sólo se aplica una excepción que concierne a la marina de guerra y que prohíbe tocar las propiedades estatales. Estos navíos, incluso transcurridos los siglos, son intocables; están protegidos por ley. Citemos en este particular la corbeta sudista *Alabama*, sumergida en aguas de Cherburgo cuando estaba finalizando la Guerra de Secesión. Sigue siendo propiedad de Estados Unidos.

En cambio, aparte de estas reglas y convenciones, sobre el derecho en la mar, rige la ley de la jungla. Venezuela no ha asumido ningún lastre legal. Este país, carente de medios para costear exploraciones arqueológicas submarinas, contrató los servicios de una empresa privada, la sociedad *Mespa*, que tuvo completa libertad para explotar y comercializar las naves halladas, pero la leyes excepcionales para la marina de guerra no fueron respetadas. Los restos recuperados eran precisamente de navíos enviados por Luis XIV

El hundimiento del
Alabama en Cherburgo
el 19 de junio de 1864.
Ilustración publicada
en el *Harper's Weekly*
el 23 de julio de 1864.

para expulsar a los holandeses de las Antillas. Unos quince barcos de guerra y otros tantos barcos corsarios se hundieron el 11 de mayo de 1678 frente a las costas de Venezuela a causa de una terrible tempestad, incluido el buque insignia, *Le Terrible*, con 500 hombres de tripulación para defenderlo. Estos barcos sumergidos se han convertido en objetivo comercial de la sociedad venezolana.

Un asunto no menos sórdido se ha producido en el Mar de China con el descubrimiento del navío holandés *Geldermalsen*, que zozobró en 1752 con una preciada carga de porcelana china cuya venta le reportó varios cientos de miles de euros. Ciertamente, Michaël Hatcher, otro buscador de tesoros de dudosa reputación, afirma haber realizado su descubrimiento en aguas internacionales, pero los expertos jurídicos de la Unesco, dedicados a esta cuestión afirman lo contrario, y consideran que Indonesia tendría derecho a reclamar la propiedad de tales hallazgos. ¿A quién creemos?

¡Arqueología con explosivos!

Descubrir los métodos empleados por algunos cazadores de tesoros puede ser de lo más horripilante. En los tiempos que corren, orientados a la rentabilidad y el beneficio, el dinero es amo y señor. Por eso no hay tiempo que perder; hay que invertir la menor cantidad de dinero posible y ganar la suma deseada. Una jornada de investigación cuesta cara y hay que darse prisa para sacar a la superficie cualquier cosa de cierto valor monetario inmediatamente. ¿Cómo poder conseguirlo? ¡A base de explosivos! Destruyen cualquier cosa que pudiera obstaculizar la tarea de los submarinistas. Poco les importan piezas y restos que harían felices a arqueólogos e historiadores. Cualquier cosa que moleste es destruida sin concesiones.

Por eso, cada día desaparecen tesoros submarinos y otros son dilapidados por estados decididos a invertir en una nueva industria consistente en vender sus tesoros arqueológicos al mejor postor.

12

El tesoro nazi

Un tesoro siempre de actualidad

En todos los tiempos, las naciones vencidas ocultaron sus tesoros, pero el tesoro de la Alemania nazi reviste un carácter diferente, especialmente de los tesoros malditos. Desde 1945, muchos investigadores hallaron la muerte en esta aventura, y se ha revelado como nefasto el conocimiento de secretos que pudieran conducir al descubrimiento de las últimas riquezas de una Alemania vencida. Riquezas que pudieran facilitar un retorno a la actualidad de los nostálgicos del régimen nazi...

No estamos en el ámbito de la ciencia ficción. Este tesoro existe, y se ha valorado en medio billón de francos en oro. Se cree que está custodiado y guardado para ser utilizado para fines políticos-ocultistas por hitlerianos, que estarían elaborando tácticas sociales para poner en marcha su movimiento. Desapariciones, suicidios, asesinatos y sospechosos accidentes siempre se cebaron con quienes, iniciados o no, se implicaron en actividades ultrasecretas para obtener este tesoro. El «dragón» sigue vigilante, con su lengua de fuego.

No perdamos ocasión de aclarar que ha habido muchos descubrimientos relacionados con este tesoro y que fueron efectuados por los gobiernos estadounidense, alemán y austriaco. Descubrimientos obtenidos con la colaboración de los servicios secretos franceses, ingleses, rusos e israelíes. Fue así como en el año 1959, los servicios secretos austriacos y el ejército estadounidense recuperaron parte de este tesoro en el lago Toplitz, en Austria. Allí, en el lago, habían sumergido el tesoro dentro de maletas, llenas de oro, de joyas y riquezas varias que procederían de judíos ejecutados o muertos en la deportación.

También se comentó el descubrimiento, en mayo de 1945, en Ausse, población cercana a Salzburgo, en Austria, donde Hitler había ordenado enviar los fondos bancarios de Alemania. Se descubrió parte del tesoro, pero ¿qué fue del resto? ¿Y todo lo que permanece oculto? Probablemente sea una de las riquezas más fabulosas del mundo... ¿Dónde estará?

Cuando los nazis expoliaban cuadros

Existe otro tesoro que los nazis, destacando entre todos ellos la figura de Goering por su insaciable codicia, saquearon sin escrúpulos. El Reichmarschall, fanático del lujo, brilló como nadie a la hora de expoliar las obras maestras del arte, sobre todo los cuadros de autores clásicos holandeses y franceses de los siglos XVII y XVIII. Es escritor Lynn Nicolas describe en su obra *El saqueo de Europa* el apetito desmedido del jerarca nazi:

> *No obstante, detestaba los «expresionistas salvajes», cuyos autores eran perseguidos y deportados a Auswitz o a Dachau, al igual que todos aquellos se atrevieron a atentar contra la enseña nazi. También hay pruebas de que un inmenso brasero quemó en la noche del 27 de julio de 1943 y redujo a cenizas obras impías degeneradas que insultaban al pensamiento hitleriano.*

Georges Braque estuvo a un paso de la tragedia bajo la ocupación

A Braque le advirtieron un día que su colección personal había sido confiscada por un organismo de la normalización encargado por Hitler. Según los nazis, Braque era un pintor degenerado que no podía escapar de la purga, pero Goering se interesó y le propuso un trato; podría recuperar sus telas si le daba un pequeño *Cronach* que el Reichmarschall deseaba tener. ¡Y otro cuadro más! Trato hecho; gracias a aquel convenio las obras de Braque no fueron amontonadas con el tesoro de Hitler.

Algunas notas relativas a «El guitarrista»

Un cuadro de la colección pública, «El guitarrista» 1914, merece una mención especial. Esta obra maestra de Braque figuraba en una colección de Alponse Kans, afamado coleccionista de autores modernos, como Monet, Van Gogh, Cézanne, Renoir, Picasso y muchos más, pero desapareció misteriosamente entre 1940 y 1948. Sólo entonces reaparecería en Friburgo, expuesto por el galerista André Lefèvre. ¿De dónde lo habría sacado el tal Lefèvre?

Lefevre fallecería en 1964 y un marchante norteamericano adquirió el cuadro. Este comprador aceptó prestarlo al Museo de Arte Moderno en 1976 hasta que el gobierno francés lo adquirió para legárselo al Museo Georges Pompidou.

Sin embargo, algunas lenguas se soltaron y la prensa intervino para explicar que «El guitarrista» había sido decomisado en 1940 por el Einsatzsab Reichleiters Rosenberg, un organismo alemán encargado del expolio de colecciones pertenecientes a familias judías en beneficio de los museos de Linz, en Austria, o por el propio Goering, siempre acechante para estos «tesoros incautados». «El guitarrista» tenía que haber sido suyo, pero en las negociaciones secretas el cuadro de Braque tenía que ser intercambiado por otros... y en el tira y afloja Lefebre lo adquirió. ¡El mismo cuadro que al museo Pompidou le costó casi un millón de euros.

En su descargo, el museo Pompidou declararía que el cuadro en cuestión era propiedad de Lefèvre desde 1937, que lo había comprado a su vez a Marcel Flushmann, marchante de arte en Zurich. ¡Increíble! La historia podría haber terminado aquí, pero resultó que había dos versiones de «El guitarrista», y que el expuesto en el Museo perteneció a la colección de Alphonse Kans.

Según el derecho francés, «El guitarrista» pertenece a los herederos de Kans, que ya han recuperado un Picabia y un Picasso irregularmente obtenidos por el museo Pompidou. El valor monetario de «El guitarrista» es incalculable...

Una colección única en el mundo

Goering siempre supo sacar partido de su autoridad para alcanzar sus fines en todo momento. En noviembre de 1940, no duda en meter baza en las obras de arte confiscadas a las familias judías. Para su propio beneficio, expoliaría una veintena de cuadros, entre ellos «La boina roja» de Rembradt. ¡Ah, Rembrandt! Es el sueño dorado de Goering, su pintor preferido. Tanto más si esta «Boina roja» había sido expropiada a los Rothschild o a los Willenstein, reconocidos judíos muy odiados por el régimen. Llegó incluso a visitar a un coleccionista de cuadros para obtener el «Retrato de Saskia» de Rembrandt. Por hacer este trato sería capaz incluso de proporcionar al marchante, que era judío, un salvoconducto para Suiza. Su generosidad llegó hasta el extremo de liberar a la madre del mismo, detenida en un campo de concentración a cambio de unos cuantos cuadros más. Goering estaba satisfecho y en casa de campo, cerca de Berlín, sería el marco donde luciría su colección de arte, única en el mundo. Una colección algo menor era propiedad del mariscal Rommel, pero sus cuadros fueron ocultados hasta la liberación y hallados unos treinta años después «en cierto lugar secreto».

Después de la guerra, los museos dejan reposar sus obras de arte

El silencio de los responsables de los museos franceses se explica por la cantidad de piezas expuestas relacionadas con el expolio nazi perpetrado durante la última gran guerra; obras posteriormente recuperadas por los aliados, que las depositaron en diferentes lugares, donde esperan ser rescatadas por sus legítimos propietarios.

En nuestros días, según un informe del Tribunal de Cuentas francés, se achaca a la directiva de los museos de Francia no haber facilitado estas restituciones. Cerca de 2.000 obras de arte, tanto en el Louvre como en el de Orsay, siguen «depositadas» allí pese a la puesta en marcha de un portal en Internet que invita a los propietarios a recuperar sus obras. La justicia, por su parte, sigue haciendo gala de su proverbial lentitud en asuntos de tanta importancia y de alcance internacional.

Así pues, la lentitud y el silencio permitieron a los museos apoderarse de obras pertenecientes a familias judías víctimas del holocausto o de otras familias que se libraron de la matanza, pero que se extinguieron sin haber podido recuperar sus bienes. Por supuesto, la dirección general de museos se indigna cuando escucha esta acusación, pero el Tribunal de Cuentas, ante este silencio, abre muchos interrogantes respecto a las buenas intenciones de las autoridades implicadas.

Se ha hecho balance: de las 60.000 obras expoliadas por los nazis, poco más de 45.000 fueron restituidas a sus propietarios entre 1944 y 1949 (exceptuando las vendidas en subasta). Quizás fuere este el único procedimiento aceptable al terminar la guerra...

¿Pero qué fue de las demás piezas? Resulta imposible calcular con exactitud el valor de semejante tesoro ilegalmente obtenido. ¿Conocería el mismísimo Harpagón, el avaro de Molière, la suma que guardaba en su caja?

Los harpagones del arte han sabido dar buen uso a las cajas donde tienen almacenadas su preciosa fortuna. ¿Cómo los describiría un Molière resucitado si levantara la cabeza?

Rusia también tiene tesoros de guerra

La rapacidad en el saqueo de obras de arte también se cebó con Rusia. Los rusos se apoderaron durante la II Guerra Mundial de tesoros artísticos localizados en Alemania, pero tras el fin de la contienda el gobierno soviético se negó a restituirlos, con el argumento que aquellos tesoros eran compensación por los que los nazis les sustrajeron, pero el gobierno soviético nunca hizo distingos entre las obras de origen alemán y las que procedían de otros saqueos perpetrados en paises ocupados.

Volvamos pues a las obras de familias judías deportadas y exterminadas, muchas de las cuales permanecen en diferentes museos de Rusia. Se calcula que dos millones y medio de piezas fueron expoliadas por los soviéticos entre 1945 y 1949. Cerca de un millón han podido ser rescatadas gracias a diversas presiones políticas y gubernamentales, pero quedan otras tantas, si no más, durmiendo en vitrinas celosamente guardadas para llenar de asombro a los visitantes los domingos por la tarde.

Deberían haber situado un letrero sobre estos tesoros de guerra con la leyenda: «Silencio, mírame y no hagas preguntas».

Aparte de las obras maestras, Rusia acumula más de 12 millones de tomos sacados de Francia y de Alemania, y de las grandes bibliotecas judías extranjeras, que en modo alguno está dispuesta a devolver a sus legítimos propietarios.

Así pues, textos de Léon Blum y Emmanuel de Berl se hallan en Ucrania, en la Biblioteca Nacional de Minsk y otras no referenciadas deben estar pudriéndose en cajas viejas almacenadas en alguna iglesia desacralizada próxima a Moscú, para ser pasto de ratas y palomas.

13

Hay buscadores de tesoros
y buscadores de tesoros

Curioso descubrimiento en el castillo de Kynzvart

Tesoros insospechados e inesperados aparecen a veces en los lugares menos previsibles. Relataremos algunos ejemplos.

Si pasan ustedes por la República Checa, por el castillo de los Kynzvart, en Bohemia Occidental, el castillo que fuera antaño residencia del príncipe de Metternich, tendrán ocasión de ver una biblioteca que contiene libros antiguos sobre temas teológicos, políticos, diplomáticos, en griego, en latín, enciclopedias... Aproximadamente veinticuatro mil obras acompañadas por ciento sesenta manuscritos y doscientos cuarenta incunables.

Podrán ver además dos cartas escritas a mano por Bertrand de Clairvaux, cisterciense y fundador de la abadía de Clairvaux (siglo XIII) y un manuscrito de Lope de Vega, el célebre dramaturgo español, pero como tesoro inesperado está también el escritorio de Alejandro Dumas, sobre todo si tenemos en cuenta que Alejandro Dumas sólo pasó un día en Bohemia, en 1866. Estuvo acompañado por su hija Marie-Alexandre, que unos años más tarde conocería en París al embajador de Austria en París, que no era otro que el hijo del canciller Metternich.

Los azares son enormes y las coincidencias, curiosas. Sucedió que entre ambos jóvenes nacería una amistad tierna y discreta. En nombre de esta amistad, legaría años más tarde Marie-Alexandre al museo de Kynzvart diversos objetos de valor que pertenecieron a su ilustre padre.

Amigos lectores, hallarán ustedes en este castillo no sólo el escritorio, el sillón y las notas y escritos de este autor; también está allí un arma de caza y cuarenta y cinco manuscritos del autor, que abarcan todos los ámbitos de sus actividades literarias, incluyendo un pasaje de su versión de *Romeo y Julieta*, obra poco conocida.

Esto es debido a que poco antes de su fallecimiento, Marie-Alexandre recordó el tierno amor que sintiera por Richar Metternich: por eso decidió enviar a Kynzvart los manuscritos de su padre. Nuevamente, se aprende algo nuevo cada día...

Derechos de compra y tesoros literarios vendidos en subastas

William Shakespeare

«To be or not to be?» Desgraciadamente William Shakespeare ya había superado la duda, porque no pudo ver salir en subasta un ejemplar de su *Hamlet* con un valor estimado superior al millón de dólares. Se trata de una de las diez copias de la versión de 1611, propiedad de Lady Eccles. En 2004 estimaron este tesoro literario en casi dos millones de dólares, más de un millón y medio de euros. Creo que esta subasta será comentada durante mucho tiempo. Ser o no ser comprador, ésa es otra cuestión...

¿Y Verlaine?

El ministerio de cultura anunció en julio de 2004 el derecho de compra de dos manuscritos autografiados por Paul Verlaine que serían adquiridos con los fondos de protección del patrimonio. El primero *Sagesse,* fue escrito en 1873, mientras el autor estaba en la cárcel por haber disparado sobre su amigo Rimbaud. Un manuscrito cubierto de borrones y correcciones, pero considerado como una obra maestra y adquirido por la Biblioteca Nacional por 350.000 euros.

El segundo *Confession*, se encuentra en la Biblioteca de Metz, ciudad natal del poeta, está ilustrado con algunos dibujos y su precio se calcula en 290.000 euros. Aunque sus *sanglots longs des violons de l'automne* nunca le dieron para comer, la poesía de Verlaine está hoy más cotizada que nunca.

¿Y Jean-Jacques Rousseau? ¿Y Catalina II?

¿Saben quién ostenta el récord mundial en una subasta realizada en la casa Sotheby's de París para un borrador autógrafo? Se trata del correspondiente a una carta de la novela *La nouvelle Héloïse* de Jean Jacques Rousseau, adjudicada por 96.725 euros. En este manuscrito de catorce páginas, el autor del *Contrat social* describe las costumbres parisinas de la época; pero la novela se compone de setenta y tres cartas. Actualmente solamente perduran una decena de borradores pertenecientes a colecciones privadas.

No nos olvidemos de Miguel Ángel

La rareza no tiene límites, sobre todo cuando interviene la pasión. Se trata de un simple trazo de pluma de tinta negra atribuido a Miguel Ángel. No es ni de lejos una de las mejores trazadas sobre papel del genial escultor, algunas de las cuales se han llegado a cotizar varios millones de euros, pero el valor sentimental de este trazo de pluma se estimó en 60.000 euros. Se cree que el dibujo data de 1518, cuando Miguel Ángel preparaba la fachada de la iglesia de San Lorenzo de Florencia, y que quedó, desgraciadamente, inacabada; lo cual demuestra que los tesoros más preciados no siempre son los más grandes e importantes.

¿Y si diéramos un salto hasta el Vaticano?

Su biblioteca

Ante todo conviene que el lector sepa que la biblioteca del Vaticano es una de las instituciones culturales más prestigiosas de nuestro planeta. Fue fundada hace seis siglos por el papa Nicolás V. Alberga

Uno de los pasillos de la interminable biblioteca del Vaticano.

1.600.000 libros, 150.000 manuscritos, 300.000 monedas y medallas y más de 100.000 ejemplares de impresos y estampas.

Montañas de papel; ¡como para perderse!, pero no del todo, tal y como lo demuestra Francisco D'Aiuto, un joven italiano especialista en manuscritos griegos, que descubrió un verdadero tesoro. Eso aseguran los historiadores de literatura antigua, se trataría de algunos fragmentos de una obra de Melandro, que vivió en Atenas en el siglo III de nuestra era. No fue resultado de una prospección arqueológica, sino del simple azar. Este texto sobre pergamino, borrado, pero todavía legible, parece ser que fue reciclado en el siglo IX por un monje palestino. Los trabajos que iniciaron entonces parecen demostrar que se trataría de un fragmento de una comedia de Melandro, de una comedia no conocida...

El azar interviene, por tanto, en muchas cosas, ¿pero por qué hubo que esperar la llegada de este joven especialista para descubrir que en el Vaticano había un tesoro de semejante valor por descubrir? Como decía Shakespeare: *that is the question!*

No nos vayamos tan deprisa del Vaticano

Se dice –y todo el mundo lo sabe– que la biblioteca del Vaticano guarda obras cuya existencia es mantenida en secreto. Documentos que, de saberse su contenido, harían temblar –en expresión de Pierre Petit– a la Iglesia en sus cimientos.

No vayamos tan lejos, pero sería de utilidad comentar aquí un artículo publicado en *La Croix* donde se dice que Israel ha solici-

Valiosos manuscritos judíos: la Torah.

La menora o candelabro de siete brazos.

tado «el préstamo, si fuera posible, permanente» de preciados manuscritos judíos cuyo valor sería inestimable. Solicitud a la que el Vaticano hace oídos sordos y no parece muy dispuesto a ceder determinadas piezas únicas.

Esta misma cuestión afecta a objetos como la *menora*, el candelabro de siete brazos del rey Salomón y elemento primordial de su fabuloso tesoro. Tal y como apuntábamos anteriormente, este candelabro aparece en el arco de Tito, en Roma, donde aparecen siete soldados transportándolo desde el templo de Jesusalén en el año 70 de nuestra era.

> *El diario israelí* Jerusalem Post *publicaba, ya en el año 1996, una información que aseguraba que unos investigadores de la universidad de Florencia habían concluido que el famoso candelabro de Salomón debiera figurar entre los tesoros de las catacumbas del Vaticano. Nada ha cambiado desde entonces. El Vaticano sigue cerrado e Israel sigue esperando su menora...*

La filatelia también tiene sus «buscadores de tesoros»: los grandes sellos de la historia

Desde la aparición del primer sello de correos, que se presentó en 1840, en Inglaterra, la filatelia se convirtió en una especie de locura que nunca dejó de expandirse. Los primeros países que produjeron sellos fueron Canadá y Nueva Escocia, luego Terranova, en 1857 y, en 1861, la Columbia Británica, la isla de Vancouver y la Isla de Príncipe Eduardo, pero entremos en detalles que conviene conocer.

El primer sello de correos fue puesto en circulación en Inglaterra el 6 de mayo de 1840. Es el famoso «One Penny Black», pero no es el sello de correos más caro del mundo, pese a su enorme importancia para la historia de la filatelia y nuestro sistema de correos; lo mismo que los sellos del cantón helvético de Zurich, editados en 1843, pese a que conocemos la curiosidad y la codicia que suscitan.

Plancha filatélica hebraica, uno de los sellos más buscados del mundo.

En Suiza, el cantón de Ginebra, por su parte, emitió en 1843 otro sello denominado «Double de Genève» dado que se trataba de un sello compuesto, de dos mitades yuxtapuestas que se podían emplear por separado. Uno de estos tesoros se vendió en Basilea por 5 millones de francos suizos. También en Suiza, en ese mismo cantón de Basilea, emitieron el «Pigeon» que sigue siendo en la actualidad uno de los sellos más originales cuando no el más raro del mundo. Su difusión no superó los 30.000 ejemplares.

Los estadounidenses se entregaron a sus *postmasters* a partir de 1846. Esos sellos valen una fortuna, sobre todo los «Alexandria» de 5 centavos impresos en distintos tipos de papel.

Entre los sellos más raros, conviene no olvidar al de isla Mauricio y del que sólo quedan veintiséis ejemplares conocidos. También están los sellos de los misioneros, de las islas Hawai, de 1851, de los que sólo quedan quince ejemplares conocidos. Un coleccionista llamado Héctor Gérioux llegó a cometer asesinato en la persona de Gaston Leroux, homónimo del literato que alimentó nuestras fantasías juveniles. Esto podría hacer pensar que algunos sellos pudieran llegar a ser tesoros malditos para sus propietarios.

Más raro aún es el caso del «Neun Kreuzer Grun» impreso en Bade en 1851 y del que sólo quedan tres ejemplares conocidos. Parece redundante advertir que están debidamente custodiados en algún lugar seguro.

Sin embargo, un de los sellos más preciados es sin duda el «One Cent» de la Guayana inglesa, impreso en 1863. Es, por tanto, el más caro de la historia, por la sencilla razón que sólo existe un ejemplar. Aseguran que, para conseguirlo, el coleccionista que lo posee quemó todos los demás ejemplares.

¿Quién se extrañará después de que todos los tesoros del mundo tengan alguna historia triste que contar?

14

Los tesoros artísticos saqueados

Los museos, en tela de juicio

El pillaje no siempre ha sido cosa de aficionados o de aventureros ávidos de riquezas y de prestigio. También existe un pillaje organizado, camuflado bajo la insignia del arte y de la ciencia, que permite guarnecer a los museos nacionales del mundo entero. Algunos arqueólogos desempeñaron, en nombre de la ciencia, funciones dignas de saqueadores de tumbas y de monumentos funerarios de la Antigüedad. Los museos son inductores dado que dicen a los investigadores «Id allá, comprad lo que os parezca interesante, y nos lo traéis...». Extrañas palabras en boca de eruditos que invitan a los interesados a actuar de manera ilícita. No es tan extraño ver venir a estos contrabandistas a colocar sus vasijas y estatuillas en París, en Nueva York, en Londres o en Berlín. Presentan además otros piezas que son objeto de transacciones vergonzantes, «contrabandistas del arte» que actúan amparados por los conservadores de los museos.

La proliferación de los saqueos de obras de arte

El saqueo de obras de arte no ha dejado de ir a peor durante los últimos años. Jordania asistió a la devastación de sus cementerios;

Antiguo manuscrito
parcialmente destruido.

los ídolos de Nepal y Pakistán fueron mutilados y los stupas corta-
dos para satisfacer la demanda creciente. Este pillaje es flagrante
en paises desestabilizados por la guerra, sobre todo Camboya o
Afganistán; o más recientemente Irak, donde los bajorrelieves de
Sennacherib, en la antigua ciudad de Nínive, fueron localizados a
posteriori en países occidentales.

En los tiempos que corren, esta pobre humanidad, que somos
nosotros, se asombra ante los sofisticados medios técnicos que ma-
nejan los saqueadores; que no se asustan a la hora de proceder en
los yacimientos arqueológicos con excavadoras y sierras mecáni-
cas para eliminar estelas y columnas; o peor aún, con dinamita,
como en China, para apoderarse de los tesoros submarinos de las
islas Xisha.

Los coleccionistas son cada vez más y más diversificados.
Nadie solicita documentos que acrediten esa propiedad, como
sucede con un terreno, una casa, un vehículo o un barco. La ley
es formal y no es aplicable a las obras de arte o a bienes culturales, sean cuales fueren. Sólo está vigente la Convención de 1970,
elaborada por la Unesco, que invita a la movilización de las con-
ciencias de marchantes y museos para combatir las importacio-
nes, exportaciones, expropiaciones y transacciones que afecten
a obras de arte robadas y favorecer el regreso de las mismas a
sus países originales. Gracias a ella, el museo de Corinto, en
Grecia, pudo recuperar cientos de objetos que atesoraban en Estados Unidos.

Ruinas como éstas han sido víctimas del expolio en nombre de las culturas occidentales a lo largo de los siglos.

Sin embargo, no fue ese el caso del «tesoro de Seyce»: un magnífico servicio de mesa romano de platería valorado en 10 millones de dólares y cuyos certificados de exportación libaneses eran falsos. Este tesoro fue decomisado en Nueva York, pero las investigaciones posteriores no llegaron a nada. Ninguno de los países que lo reivindican –Hungría, Croacia y Líbano entre otros–, pudieron acreditar fehacientemente que aquellas piezas fueran robadas de su territorio. ¿Qué creen que sucedió? Pues muy fácil, este tesoro fue devuelto a su propietario inglés y la policía corrió un tupido velo sobre el asunto.

Actualmente es Turquía la más vigilada. Al igual que Grecia e Italia, posee inmensos tesoros arqueológicos, sobre todo en materia de mosaicos romanos. Los coleccionistas privados están alerta, lo mismo que algunos museos, algo que atenta contra la Convención de 1970, cuya misión consiste, tal y como apuntábamos anteriormente, en controlar la circulación de piezas arqueológicas y la protección de bienes culturales sin procedencia conocida.

En lo referente a Turquía, y para evitar los saqueos, la fundación estadounidense Packard no dudó a la hora de financiar con cinco millones de euros algunos yacimientos clave para la arqueología turca. ¿Es esto garantía suficiente?

Verdaderas fortunas adquiridas por un mendrugo

Algunos objetos raros, como estatuillas o ídolos recien exhumados, fueron adquiridos a cambio de unas libras esterlinas a campesinos, por peristas de tesoros ingleses que posteriormente los vendieron en Londres por cientos de miles de libras.

Sin embargo, a veces este tráfico vergonzante lo protagonizan diplomáticos que, valiéndose del respeto y la confianza otorgados por algunos países, lo aprovechan para adquirir obras de arte «por amor al arte». Algunas transacciones tan sabrosas han sido descubiertas por la Interpol, siguiendo el tráfico de estupefacientes que desembocan en alijos de piezas arqueológicas procedentes de todas partes del mundo. El dinero sucio del hampa se blanquea así.

Francia también ha sido acusada

Francia también ha desempeñado un papel importante en las adquisiciones ilegales. En abril del 2000, la prensa francesa reveló la presencia en el nuevo Museo del Louvre de tres esculturas de una civilización remota, los Noe de Nigeria, adquiridas por 2,5 millones de francos de la época.

«Conocemos perfectamente el origen de estas esculturas, declaró Stephen Martin, director del museo, y en qué condiciones salieron de Nigeria, pero no por ello dejan de ser obras maestras. Y más vale exponerlas al público que dejarlas ocultas en un sótano.» Y sostiene que se han suscrito acuerdos con el gobierno de Nigeria, pero lord Collin Renfren, director del instituto de arqueología Mac Donald de Cambridge, refuta esta afirmación y acusa a Francia de maniobras ilegales en todo este asunto. Las cosas no hacen si no complicarse cuando interviene Edward Abidun Ainé, embajador de Nigeria en Francia, y declara: «No hubo acuerdo alguno respecto a la adquisición de dichas piezas», lo cual abre un debate que debiera concluir con la restitución de las susodichas piezas.

¡Qué complicado es el arte!

15

Bibliotecas destruidas y tesoros robados

El saqueo de las bibliotecas nacionales

Desde que el hombre es hombre, las bibliotecas nacionales han padecido el saqueo organizado de depredadores culturales que convirtieron el comercio de manuscritos raros, ediciones originales y yacimientos de ideas de los más grandes genios de nuestra humanidad.

Desgraciadamente, este robo organizado ha adquirido actualmente dimensiones inquietantes. Siendo el dinero el motor primordial de nuestra sociedad... espero que no le choque al amigo lector que exponga esta triste opinión, porque estoy seguro de que la comparte conmigo. Esto presupone que los museos no están a salvo ni de lejos.

La biblioteca real de Dinamarca

Una noticia, fechada en la AFP el 10 de diciembre de 2003, relata la detención de la viuda de un bibliotecario, su hijo y su nuera, sospechosos los tres de recibir ediciones originales de Kant, Milton, Tycho Brahe, Tomás Moro y Lutero. Estas obras procedían de robos organizados en la década de los 60-70 y pertenecían a la Real

Biblioteca de Dinamarca. Se trataba de 1.600 documentos raros y muy preciados, valorados en más de 150 millones de coronas, o séa unos 21 millones de euros. Los inculpados habrían vendido por unos 10 millones de coronas algunas de las obras sustraidas, con la complicidad de conocidas casas de subastas. Precisamente la casa de subastas británica Christie's fue quien denunció el robo alertando a la policía danesa.

En Francia, en la biblioteca nacional

Seguramente recordarán la noticia escandalosa transmitida por la AFP a principios de julio de 2004, referentes al conservador jefe responsable de la custodia de manuscritos hebreos de la Biblioteca Nacional de Francia.

Este individuo es sospechoso de haber sustraído hojas y manuscritos fechados en los siglos XIV, XV y XVI, cuyas primeras ausencias se notificaron en 1998. Este fondo, constituido por el rey Carlos V el Sabio y compuesto por 1.480 obras, está considerado entre los más ricos del mundo. Los documentos sustraídos (en torno a una decena) tenían un valor inestimable. El proceso judicial aún no había concluido al redactar estas líneas.

Tesoros en peligro

El tesoro de Tillia Tepé

Este fabuloso tesoro fue descubierto en 1978, en Afganistán. Compuesto de pulseras, collares guarnecidos con piedras preciosas, monedas, medallas..., hasta sumar un total de 21.000 piezas acumuladas durante los últimos 2.000 años en las seis cámaras funerarias que acogían los cuerpos de las princesas Kuchans.

El tesoro estaba intacto. Como en agosto de 2003, cuando se hallaba en la cámara acorazada del palacio presidencial de Kabul, los milicianos encargados de su defensa tuvieron que enfrentarse horas antes de la caída de Kabul a unos talibanes dispuestos a apoderarse del tesoro nacional. Con una cantidad de bajas terrible, los guardianes resistieron y mantuvieron cerrada la entrada a la cámara acorazada.

El ministro de cultura, Sayed Makhdoom Rahen, decidió dar a conocer este tesoro en una exposición itinerante a diferentes países de Europa, Japón, Estados Unidos; los ingresos derivados servirían, aparte de costear la restauración del museo de Kabul, para financiar la lucha contra organizaciones criminales que se ceban en los tesoros arqueológicos de Afganistán. ¡Hermoso ejemplo de salvamento de tesoros en peligro!

¿Conviene olvidarse del museo nacional de Bagdad?

Ningún museo ha sido saqueado tan sistemáticamente como el museo nacional de Bagdad, robado antes incluso de que entraran en la ciudad las fuerzas angloestadounidenses en marzo de 2003.

Vimos por televisión unas imágenes donde aparecían saqueadores saliendo del museo con piezas raras, muy preciadas, y huyendo delante de las cámaras. Según el ministro iraquí de Cultura, Moufid Al-Jazaïri, se trataba de unas 15.000 obras de arte desaparecidas. No tenemos pistas de su paradero hasta la fecha. Algunas de ellas estarán en diversos países de Europa y de Oriente Medio o en Estados Unidos, pero una acusación fue formalmente presentada por Dony Georges, director del Museo Nacional de Bagdad, contra Irán y Turquía, países por los que tuvieron que pasar las antigüedades robadas y que no prestan cooperación en su búsqueda.

Por el contrario, países como Jordania, Siria, Kuwait y Arabia Saudí lograron recuperar muchas piezas que estaban en manos de traficantes que operaban en sus territorios (1.046 sólo en Jordania).

Sabemos que Irak tiene raíces de remontan a 5.000 años atrás, a las viejas civilizaciones de Mesopotamia, y con terrible tristeza supimos de la desaparición de piezas sumerias, que figuraban entre las más importantes. Por ejemplo: la estatua de diorita de Estemena, un rey mesopotamio del año 2400 antes de esta era, y otros objetos de la época, hechos de marfil con incrustaciones de piedras preciosas.

Tampoco olvidemos la biblioteca de Nassiriyah, al sur de Bagdad. Contenía casi 4.000 obras de valor y fue incendiada por unos desconocidos, según declaró el director de antigüedades de la provincia de Zi-Qar, cuya capital es Nassiriyah.

No obstante, Bagdad está curada de espantos en materia
de vandalismos: ya en el siglo X, miles de libros fueron
arrojados al Tigris, hasta el extremo que la tinta tiñó de
negro sus aguas. Y que unos soldados que regresaban de la
batalla los apilaron para cruzar mejor el río.

Seguimos en Irak

Si depositamos sobre Champollion el honor del descubrimiento
de la escritura jeroglífica egipcia, también Georg Friedich Gute-
fend, es el primer descifrador de la escritura cuneiforme de ca-
racter misterioso y sagrado que se remonta a 3.300 años antes de
nuestra era en el país de los sumerias, que no es otro que el Irak
actual. Esta escritura se extendería por toda Mesopotamia y los
países circundantes. Fue precisamente en estas regiones donde
se hallaron tablillas pictográficas que concernían a los archivos
administrativos de la ciudad de Uruk, una antigua ciudad de
la baja Mesopotamia. Allí descubrieron los nombres de reyes
aqueménidos cuyas dinastías se iniciaron 3.500 años antes de
Cristo. Entre ellos figura el de Dario, lo mismo que el famoso
código de las leyes de Hammurabi, textos sagrados que hallaremos, con pequeñas modificaciones, en los «Diez mandamien-
tos» de la Biblia.

La escritura cuneiforme, vehículo comercial, poético, diplomático y religioso a la vez, nunca dejó de verse enriquecida. Algo
parecido a una enciclopedia donde la palabra y el sonido permitían comunicarse con lo invisible. De ahí emana su carácter sagrado.

Sin embargo, era vulnerable, como todos los tesoros del mundo. Asurbanipal, el último rey de Asiria, a la vez que gran escriba,
logró reunir miles de textos originales y fragmentos literarios de
Akkad, de Sumeria y de Babilonia, creando, de este modo, en Nínive, mucho antes que la de Alejandría, la primera gran biblioteca
de la historia. Nuevamente intervendrían los bárbaros para sepul-
tar poco a poco esta extraordinaria civilización ahora hundida en
el sueño y la muerte.

Afortunadamente pudimos poner a buen recaudo unos cuantos miles de aquellas tabletas, aún por traducir, y que están depositadas en los sótanos del British Museum. Otras estatuillas, co-

ronadas en oro fino, permanecen expuestas en el museo de Damasco, pero el resto está perdido en regiones embarradas donde el agua es peor que el fuego. Agua que erosiona desde tiempos inmemoriales, que disuelve el barro, que hace desplomarse los muros de adobe de los palacios, que anega sepulcros reales y borra con el tiempo los vestigios más preciados de una historia perdida.

El continuo pillaje de los yacimientos arqueológicos

Los traficantes iraquíes, dispuestos a satisfacer la demanda de los coleccionistas, organizarían un saqueo intensivo de los santos lugares sumerios, asirios y acadios. Afortunadamente se libró del saqueo el norte del país, bajo vigilancia estadounidense, donde el saqueo fue sofocado, pero el sur quedó a merced de bandas de saqueadores que se apoderaron de las colinas artificiales constituidas por sucesivos estratos de ciudades antiguas, que controlaban a su antojo.

Las tumbas antiguas han sido objeto de un expolio continuado en cualquier parte del mundo.

Estas gentes no tenían control. Según informaciones de *Impasse Sud,* del 27 de julio de 2003, menudeaban las bandas de saqueadores que poseían obras de arte y las vendían a traficantes procedentes de todas partes del mundo.

Para obtenerlas, los campesinos iraquíes no dudaban en arrasar los vestigios de las grandes ciudades sumerias, llegando incluso a emplear la dinamita si fuera preciso. Algo que, precisamente, debió destruir tesoros artísticos que nunca llegaremos a conocer. Se calcula que hubo no menos de doscientos saqueadores, todos procedentes de pueblos vecinos, que se dedicaron en los primeros momentos de la guerra a este tráfico odioso.

> *«De algo hay que vivir» deben pensar esos buscadores que subsisten básicamente gracias a sus cultivos de trigo y sorgo, y cuyas cosechas no son adquiridas por el gobierno iraquí. La única posibilidad de supervivencia que les queda radica en las excavaciones clandestinas y el tráfico de obras de arte, sin siquiera plantearse el alcance de los terribles estragos que causan. Tanto es así, que en el enclave de Yokha, por citar un ejemplo, parece hoy un campo de batalla, con agujeros, suelos reventados y objetos esparcidos sobre los pedruscos. En medio de este decorado aparecen los traficantes a última hora de la tarde para comprar los objetos que les interesan. Lo mismo sucede en Umm el Akkrebh, en Essem, en Fara y en Tell Adab.*

Siempre, según el diario *Impasse Sud*, el mayor traficante de antigüedades iraquí es el primo hermano de Saddam Hussein, Irchard Yassine en persona, considerado el terror de los arqueólogos iraquíes. ¡Pobre Irak! ¡Cuantos tesoros has perdido!

Gran cantidad de enclaves por proteger

Estamos destruyendo la historia entera de una civilización, dado que nadie se hizo responsable, en Irak, de la protección y el mantenimiento de los 100.000 enclaves que hay en ese país, 10.000 de ellos censados.

Produce una gran tristeza constatar que en nuestra época verdaderos tesoros artísticos permanecen ignorados, prácticamente despreciados y dejados al abandono por civilizaciones cuyo proteccionismo se limita básicamente a los pozos de petróleo.

Sin embargo, la ignorancia no queda excluida: tomemos por ejemplo la biblioteca asiria de Asurbanipal, rey asirio que la historia ignoró hasta 1860. Ese año, veinticinco siglos después, los ingleses descubrieron de manera totalmente accidental las ruinas de esta biblioteca compuesta de elemento extraños.

¿Qué hicieron los ingleses? Primero vendieron al mejor postor algunos de sus adornos, y después transportaron el resto al British Museum donde un especialista en civilizaciones antiguas se dio cuenta de que aquellos textos concernían a la famosa epopeya de «Gilgamesh», considerada en la actualidad como uno de los tesoros arqueológicos de la Antigüedad. Narra el relato de la Creación, de Adán, de Noé, del diluvio que devastó Mesopotamia y que aparece también con otra forma en la historia sagrada de la Biblia.

Descubrimos así la existencia de este rey ignorado, recopiando pacientemente él mismo aquellos textos raros y desconocidos. Después de todo ¿no es la paciencia la cualidad de los reyes?

Los libros también tuvieron sus hogueras

Los ejemplos abundan y siempre copian el mismo modelo. Parece ser que comenzó en el siglo XIV a. de C., cuando Akenatón, fundador de la primera religión monoteísta, enviaría a la hoguera todos los textos contrarios a su pensamiento. A su muerte, los sacerdotes escarnecidos se vengaron de él haciendo lo propio con sus obras.

«Abolid el pasado» diría en el año 220 a. de C. el emperador chino Qin, constructor de la Gran Muralla en cuyo interior encerraría a su país en una reunificación que rechazaba cualquier aportación exterior. Destruía toda la historia de su país y toda la filosofía china, de Confucio a Lao-Tse, porque sus principios eran contrarios a los suyos. También habría que recordar que en 1171 Saladino quemó la biblioteca de El Cairo, o también en aquella época, el saqueo de la biblioteca de Constantinopla a manos de los cruzados, donde se agrupaba toda la literatura griega.

Tenemos en la memoria los terribles excesos de la Inquisición en España, con un Torquemada que en 1490 hizo quemar todos los libros de origen hebraico; las hogueras ardieron en Granada y una muchedumbre bailó alrededor de unas brasas donde el pensamiento de Moisés y el Talmud se deshacían en humo.

Más próximo en el tiempo sucedió que, durante la revolución francesa, los comuneros destruyeron todos los textos reales y las bibliotecas del ayuntamiento. Afortunadamente la biblioteca nacional no fue destruida, pero la Alemania nazi no tuvo escrúpulos a la hora de destruir unos 12.000 libros, quemados o abandonados al saqueo, que se sumaron a los destruidos en los bombardeos aliados. Sólo unos 3.000 libros judíos fueron rescatados por los estadounidenses: los demás desaparecieron para siempre.

¿Podremos recordar sin repugnancia la triste irrupción en la historia de Pol Pot, en Camboya, que tras masacrar a las dos terceras partes de la población, dejó rienda libre a su odio hacia el papel destruyendo todos los libros del país. No quedó ni uno.

Revisitemos la destrucción, en 1944, de 80.000 libros y manuscritos de la Sociedad Real del Saber de Nápoles, para evitar que aquellos documentos, antiguos o modernos, no cayeran en manos de los aliados. O la Revolución Roja con Mao Tsé Tung a la cabeza, que ordenó a sus guardias rojos que quemasen todos los libros contrarios al régimen. O cómo fue destruida la biblioteca de Sarajevo, cruelmente bombardeada en 1992, o las del África negra, sometidas a la destrucción en nombre de las guerras tribales, que conllevan genocidios y políticas de «tierra quemada», como sucediera en Uganda a finales del siglo pasado. O como la biblioteca del Instituto Bhandarkar en la India, donde a principios de enero de 2004, unos manifestantes se reunieron para protestar contra la publicación de un libro de James W. Laine. El pecado del tal Laine no era otro que narrar la vida tumultuosa de Shivaji, una importante figura religiosa y guerrera del siglo XVII. O quizás su pecado fuera haber sacado a relucir las tensiones existentes en ese país entre musulmanes e hindúes.

Fuera como fuese, el caso es que los airados manifestantes de la brigada Sambahji destruyeron, robaron o deterioraron unos treinta mil manuscritos antiguos. Se cree que también se llevaron una tablilla asiria de 2.600 años de antigüedad.

¿Qué más podemos decir? Digamos solamente que si el hombre es un creador genial, también es el mayor destructor del planeta, si dejamos aparte las catástrofes naturales, claro.

16

La biblioteca de Alejandría. La destrucción del mayor tesoro cultural de la humanidad

La biblioteca más grande del mundo

Alejandro Magno, en el año 332-331 a. de C., fue el fundador de la ciudad de Alejandría. Esta ciudad se haría célebre en la antigüedad por su faro, construido sobre una isla, cuya denominación se correspondía con su función: *Pharos*. Este faro servía de guía a los barcos que se dirigían a la ciudad, pero la ciudad no tardaría en encender otro faro, claro que este alumbraba la ciudad y guiaba hasta su recinto a hombres procedentes de todas partes del orbe conocido: sabios, investigadores, eruditos y filósofos de todas las disciplinas.

La idea de Alejandro Magno era que el *Museion* (palabra de la que deriva «Museo») tenía que ser como un organismo vivo, una colección de textos clasificados y expuestos según los criterios del orden y la lógica, y no un vulgar batiburrillo de piezas heteróclitas y discordantes, dedicadas solamente a la distracción del populacho. El *Museion* se convirtió en la primera biblioteca pública del mundo gracias a uno de los generales de Alejandro, Ptolomeo I, que recibió como herencia Egipto y fue nombrado faraón, tras el reparto de su imperio a la muerte del conquistador. Ptolomeo supo dotar del impulso requerido a esta extensa empresa intelectual, única en la historia de la humanidad.

*Para conseguirlo, Ptolomeo I, hacia el 290 a. de C., llamó a Demetrios de Phalera, escritor y orador que defendía las tesis aristotélicas, y que hizo que esta biblioteca se convirtiera en la concentración de todo el saber de la época, cobijo de todas las obras escritas por la humanidad. Como el lector habrá comprendido, se pretendía hacer con el Mu*seion *una especie de universidad de Ciencias y Letras.*

Sabios de todas las disciplinas, alimentados, lavados y alojados gratuitamente, con lugares comunes donde pudieran debatir con toda libertad entre alumnos y visitantes; todo ello sin menoscabo de las clases magistrales impartidas en la sala principal de la biblioteca sagrada. Grandes eruditos ejercieron de bibliotecarios y propusieron las obras de Apolonio de Rodas, de Eratóstenes, el sabio que calculó con extraordinaria precisión el diámetro y la circunferencia de la Tierra. Midiendo el valor de las sombras proyectadas sobre dos bastones, cuando el Sol estaba en su cénit, uno de ellos en Siena, en el Trópico de Cancer, y el otro en Alejandría.

Vino después Homero, el mayor poeta de la Antigüedad; Aristófanes, que hizo un antepasado de nuestros diccionarios; Hipócrates, Platón, Pitágoras, Euclides, Arquímedes, Galeno... ¡Nombres prestigiosos todos ellos! Y finalmente, Aristóteles. Es de sobras conocido que este sabio influyó en la voluntad de Alejandro a la hora de realizar este proyecto titánico.

Para llevarlo a cabo, Ptolomeo I enviaría emisarios a todos los soberanos del orbe conocido y les solicitó que le enviasen una obra digna de interés y se las compraba a cualquier precio; llegó incluso a confiscar libros a bordo de barcos anclados en el puerto de Alejandría..., pero garantizando su devolución una vez copiados y traducidos. Todos estos textos fueron traducidos al griego, el lenguaje sabio de la época, movilizando de este modo a los intelectuales de cada país, eruditos que dominaban a la perfección su propia lengua, pero también el idioma griego. Aparte de las copias, algunos originales permanecieron cuidadosamente depositados en los estantes del *Museion*.

En aquella época no existía la imprenta y los libros se copiaban en dos o tres ejemplares, a veces en un sólo ejemplar, convirtiéndose en tesoros intelectuales de valor inestimable.

Alejandro Magno, el gran emperador que conquistó medio mundo.

Unas 500.000 obras se conservaron de este modo; con el tiempo, la cifra total de obras ascendía a 700.000. Se incluían traducciones del Antiguo Testamento, la Septante, que es una especie de leyenda y la obra de 72 rabinos procedentes de las doce tribus de Israel; ¡una obra que escribieron en 72 días! Y manuscritos como la Torah. En cualquier caso, se trataba de rollos que había que ir desenrollando a medida que se leían o escribían.

La creación de una segunda gran biblioteca

La historia depara sorpresas. Ante esta realización fantástica, Pérgamo, ciudad que sitúan en la actual Turquía, se erigió en rival y creó una segunda gran biblioteca. Los alejandrinos reaccionaron ante la amenaza decretando un embargo sobre la hoja de papiro, planta con la que se fabricaba el soporte rígido destinado a la escritura de la época y cuyos secretos conocían; pero que por pergaminos no quede; los grandes espíritus del mundo no se arredran fácilmente. Los de Pérgamo, para eludir esta penuria, fabricaron el soporte para los textos que lleva su nombre, el pergamino, y que crearon a partir de pieles de animales.

La destrucción de la gran biblioteca de Alejandría

Envidias, tiranía, vandalismo, expropiaciones arbitrarias, son otros tantos factores que desencadenarían sucesivas destrucciones de la célebre biblioteca.

La destrucción a cargo de Julio César

Su primera destrucción se remonta al año 48 a. de C., cuando Julio César hizo su entrada en Alejandría. El aliado de Cleopatra ordenó incendiar la flota amarrada en el puerto, temiendo que su aliada se apoderase de la armada de Ptolomeo XIV y reconquistase la ciudad, pero en su estrategia no tuvo en cuenta un detalle: el viento. Viento que soplaba del norte y propagó el incendio a la ciudad y a la biblioteca, donde arderían 300.000 volúmenes.

En cambio, nada nos impide pensar hoy que, dado que Julio César (quería crear también una enorme biblioteca en Roma) no aprovechara la ocasión. Parece demostrado que recurrió a Cleopatra para pedirle que le diera sus libros, que en el momento del incendio se hallaban en Serapium, no muy lejos de allí, y que fueron trasladados para evitar que fueran objeto de *razzias. Razzias* por cierto muy frecuentes desde su creación.

Algunos historiadores van más lejos y aseguran que fue Marco Antonio, general romano enviado por Julio César junto a Cleopatra y con la que tuvo relaciones amorosas, quien le habría ofrecido la biblioteca de Pérgamo a modo de compensación, otra biblioteca codiciada por el César. Un Julio César que la historia acusa de haber desempeñado un papel de primera magnitud en la destrucción del saber humano.

> *Nótese que el emperador ya había dado una estocada de muerte a la civilización celta al destruir la Bibracta, alma de las primeras naciones de Europa. Una ciudad donde 40.000 estudiantes aprendían filosofía, literatura, arquitectura, astrología, y medicina. Ciudad rival de Tebas, de*

Busto de Alejandro Magno, fundador de Alejandría, la ciudad que dio su nombre a la famosa biblioteca.

Menfis, de Atenas y de Roma, y cuyos tesoros ardieron en las llamas. Siendo el autor César de la conquista de las Galias, comprendemos las razones que lo impulsaban a hacerlo. (Curiosamente, la historia nunca ha condenado este acto de vandalismo que destruyó el saber de nuestros antepasados y sus misterios sagrados.)

Podemos pensar que hubo negociaciones secretas y que éstas permitieron a César hacerse con numerosas obras y que fueron encaminadas luego a Roma. En la actualidad, estas obras, o buena parte de ellas, estarían en manos de autoridades pontificias, almacenadas en las cámaras secretas de los sótanos del Vaticano. No podemos ofrecer, desgraciadamente, pruebas fehacientes de tales declaraciones, por lo cual nos limitaremos a echar una mirada de sospecha hacia la basílica de San Pedro.

Añadiremos, sin embargo, que si algunos ejemplares más de la famosa biblioteca alejandrina sobrevivieron a los incendios, debieron quedar a buen recaudo. No es descabellado pensar que pudieran estar en manos de grupos o sociedades secretas que impedirían nuestro acceso a tales documentos.

Nuevas destrucciones y locura

Después de César, la biblioteca de Alejandría fue reconstruida, pero quedaría seriamente dañada en el 295, durante la revuelta de Emilius, destruida de nuevo en el 391 durante unos levantamientos contra Teodosio y, finalmente, completamente destruida por los árabes en el año 641. Cuentan los historiadores que el emir Omán habría incendiado la biblioteca espoleado por su espíritu religioso, que le llevó a afirmar: «Si todos los libros fueran conformes al Corán (el libro de la verdad) no nos harían falta ninguno, y si lo contradicen, son perniciosos». Por tanto, habían de ser destruidos.

Aquellos libros permitieron mantener caliente el agua de los baños públicos durante seis meses. ¿Verdadero o falso? ¿Realidad histórica o propaganda anti islámica? Parece demostrado, sin embargo, que el fanatismo musulmán ya había destruido en Persia, en el interior del Islam, los libros secretos redactados por alquimistas y astrólogos. Sea como fuere, el caso es que la biblioteca desapareció sin dejar rastro en aquella época. Sólo quedan algunas obras de Aristóteles que llegaron hasta nosotros gracias a alguna neutralidad benévola. ¿Quién sabe? La historia es, por desgracia, un entramado de incertidumbres, de contradicciones, de dudas y, algunas veces, según quién, de malos propósitos. La locura de los hombres es universal y no reconoce fronteras geográficas o morales. Tanto es así, que nos entristecemos todos ante la destrucción de algo considerado como el mayor tesoro cultural que el mundo haya conocido.

La creación de la Biblioteca Alejandrina

Gracias a un proyecto conjunto entre la Unesco y el gobierno egipcio, ha sido construida la nueva gran biblioteca de Alejandría, quince siglos después, sobre los cimientos del antiguo edificio. Fue inaugurada el 16 de octubre de 2002 por el presidente egipcio Hosni Mubarak en presencia de numerosos jefes de Estado, entre ellos Jacques Chirac.

La belleza arquitectónica de la biblioteca de Alejandría reproduce sobre todo el simbolismo solar que enlaza con las antiguas creencias egipcias, pero también con la sabiduría de la biblioteca original, magnífico vínculo entre los pueblos y el saber universal.

Esta biblioteca debería poder albergar cinco millones de volúmenes. Sólo cabe, pues, depositar nuestras esperanzas en este gran monumento del pensamiento y nuevo faro para las humanidades futuras.

17

El saber, un tesoro peligroso

Procuremos llegar hasta el fondo de la cuestión

¿Prohibir el saber? Considero que una aproximación a esta pregunta más rigurosa se impone si tenemos en cuenta la sórdida realidad –nunca descartable– en la historia de los hombres.

Destruyendo el libro destruimos asimismo a su autor, destruimos su espíritu, pero sobre todo, destruimos su idea y su actitud antagónica, molesta para quienes no comparten su idea. El saber es peligroso, tanto si se trata de ciencias exactas, como de aquello que denominan paraciencias, desarrolladas en espíritus románticos e independientes; y que una rápida difusión del conocimiento podría conllevar la perdición de algunas civilizaciones.

La creación del Pugwash

Precisamente con este espíritu se fundó el Pugwash, organismo desarrollado por un multimillonario canadiense llamado Cyrus Eaton, junto a un grupo de sabios y enseñantes, en julio de 1957, en la localidad de Pugwash, en la costa atlántica al sur de Terranova. Este movimiento se hizo extensivo a sabios de todos los países y de todas obediencias políticas y religiosas.

Así funcionó durante años. Esta ideología pretendía salva-guardar al mundo de los abusos científicos, que se convertían en un peligro permanente para la humanidad. En este espíritu se asociaron Saint-Yves d'Alveydre, Joseph de Maistre y René Guénon; y yo mismo, como otros tantos escritores, que participamos para alertar mediante nuestros trabajos de estos peligros.

Sin embargo, esta confraternidad científica intentaba así hallar antídotos a los venenos que sus propios representantes crearon. ¿Qué sucedió entonces? Echando la vista atrás comprobamos que el mundo donde vivimos no ha parado de degradarse. Sufrimos los inventos de quienes, por espíritus lamentables o abnegación sutil, contribuyeron mucho o poco a la construcción de centrales atómicas como Chernobil, presente aún en las memorias; con OGM que exponen a graves riesgos nuestro código genético, las armas químicas con las que nos amenaza hoy el terrorismo, satélites espías siempre dispuestos a intervenir en caso de una guerra relámpago o la clonación, que envilece la condición humana en sus fibras más íntimas y más sagradas. ¡Por citar unas cuantas!

¿Qué fue de Pugwash?

¿Y qué se hizo de este organismo cuyos buenos oficios consistieron antaño en levantar barreras de contención a la locura de los hombres? Nadie habla ya de aquello. Sabemos, por el contrario, que existen en nuestro planeta organizaciones de múltiples ramificaciones y vínculos enmarañados; organizaciones que participan, bajo el amparo de fraternidades universales, en una especie de poder oculto que ejerce actividades subterráneas y cuyas voluntades todos padecemos inconscientemente. Organizaciones que consideran «tesoros malditos» los tesoros que obtienen algunos investigadores independientes no sometidos al clan de la ciencia oficial.

Estamos ante un tema prohibido, pero el lector sabrá comprender que la quema de libros nunca es resultado de un vandalismo ciego. Existe una conspiración contra los «tesoros prohibidos». Escritores, investigadores, inventores fueron conminados, so pena de muerte, a detener sus obras, o fueron sobornados.

Por citar un par de ejemplos, todos sabemos que el autor de los *Los versos satánicos* (Plaza & Janés, 1997) sigue fugitivo para evitar la condena a muerte que le impusieron las células islamistas, y que el inventor de un carburante limpio habría obtenido una gran suma de dinero para que destruyera un proyecto que hubiera supuesto la quiebra de los grandes productores de petróleo.

Una energía revolucionaria

¿Conoce usted el «papel solar»?

Este es otro proyecto que salió a la luz pública a finales de los años ochenta y que considero uno de los mayores tesoros tecnológicos de nuestra época. Tesoro prohibido, ocioso decirlo.

Este proyecto desarrollaba un descubrimiento relativo a un «papel solar» (denominación del inventor) y cuyas aplicaciones son muy curiosas. Este papel, tratado químicamente, podía aplicarse en unos paneles sobre el tejado y convertir en electricidad las radiaciones solares.

Este nuevo procedimiento permitiría producir una energía de base, incrementar su rendimiento; tanto es así que, con una sola instalación, otra gente de los alrededores podrían beneficiarse de una energía poderosa y gratuita.

No sólo eso; aplicado a una pequeña lámpara eléctrica de 25 o 50 vatios, este papel, como un simple rollo, propagaba energía en todos los cuartos del habitáculo, mediante sucesivos rebotes en otros tantos papeles suspendidos del techo o sobre las paredes. Algo similar a cómo reflejan la luz los espejos, con la diferencia que con los espejos la luz se degrada en la medida que se reproduce, mientras que este «papel solar» transmitía la totalidad de la energía, hasta un límite de unos cinco metros. Más que suficientes para iluminar enteramente una casa con una bombilla de 25 o 50 vatios. Un simple botoncito sobre el papel permitiría «apagar» si queremos dejar el cuarto a oscuras.

Añadiremos que uno de aquellos «papeles» pegados en la pared de una cocina, conectaba todos los electrodomésticos en la misma fuente. O que en un taller, con la instalación adecuada, a partir de una sola máquina podía accionar todas las demás o cómo se podría hacer funcionar indefinidamente automóviles basados en energía eléctrica.

¡La ruina de las compañías eléctricas como habrán ustedes adivinado! No me pregunten el nombre del inventor, porque lo ignoro, ni la explicación a este fenómeno, que desconozco, pero para quedarnos en el ámbito de los hechos demostrados, diré que la revelación de este extraordinario invento me fue hecha por una persona que conocía dicho secreto.

Este señor, que había oído hablar de mí, vino a verme un día con un video donde había grabado los detalles principales de este descubrimiento. No se me permitió hacer copia y me limité a visionarlo. Reconozco que durante tiempo fui reacio a reconocer como creíble dicho invento, algo que aún me sucede hoy.

Resultaba no obstante evidente que este inventor quería entablar contactos con gente susceptible de interesarse en su invento y supe después que otros particulares fueron contactados igual que yo. Personalmente, me limité a comunicar aquello a ciertas personalidades del CRESPI, organismo de investigaciones cuya dirección ostenté durante casi diecisiete años, pero nada se movió por ahí por aquel entonces.

Hace ya más de veinte años

¿Qué fue de aquel invento y cuál fue la suerte de su inventor? ¿Le pagaron su silencio generosamente o apareció como cadáver anónimo en un lago o en una cuneta? En cualquier caso, no sería el único en sufrir las leyes de una sinarquía que impide, por intereses económicos u otros, el desarrollo de cierto tipo de saberes.

No nos extendamos más. La historia se escribe así, pero la historia abre interrogantes: ¿será la sociedad secreta la forma de gobierno del futuro, donde nadie sabrá nunca quién es quién y qué decide?

Muchos libros considerados peligrosos han desaparecido

En todos los tiempos, el pensamiento humano ha pasado por duras pruebas. Conspiraciones, sinarquías organizadas para destruir ciertos secretos molestos. Desde hace tres o cuatro mil años, cientos de millones de libros fueron destruidos. ¿Libros malditos? ¿Libros prohibidos? ¿Secretos peligrosos? ¡Cuántos tesoros perdi-

dos! El mismísimo emperador Diocleciano, que reinó entre el 284
y el 305 de nuestra era, destruyó todos los libros de alquimia que
contenían claves esenciales de esta ciencia que se remonta a los
tiempos de los caldeos; documentos perdidos para siempre.

Texto referente a los grandes misterios

Roger Bacon (1214-1294) fue uno de los mayores sabios de la
Edad Media. Al parecer tuvo en su poder un texto del rey Salomón relativo a los grandes misterios. Este libro maldito fue quemado por orden del papa Inocencio VI, porque contenía un método para invocar a los demonios, los espíritus superiores y seres
del extramundo.

Este libro estaría escrito en hebreo para algunos y en la lengua
de Enoch, para otros, una lengua únicamente reservada a los iniciados en el arte mágico, una lengua desconocida que quizás per-
teneciera a otro planeta. ¿Quién lo sabe? Dos interrogantes se abren
aquí: ¿cómo logró Roger Bacon hacerse con aquél libro? ¿De haber
habido tal libro, fue realmente quemado?

¿Qué fue del Libro de Thot?

El dios egipcio Thot se identifica con Hermes Trimegisto (El tres
veces grande), personaje mítico y real a la vez y a quien debemos
el *Libro de Thot* (o *Tabla de Esmeralda* para algunos), una obra
mítica que se remonta a civilizaciones preegipcias, una clave de la
alta ciencia oculta y que contiene los secretos de la humanidad y
de los cuerpos celestes. Un libro que permitiría comprender el
lenguaje de los animales, el gran misterio de los fluidos de los
muertos y de los seres vivos, la ciencia de los espíritus, la de la
vida y la muerte y cómo obtener poder ilimitado.

Este sería pues el mayor de los «libros malditos» en la historia de la humanidad; un libro con una peligrosidad insoportable.
Todos los que lo tuvieron en sus manos lo pagaron con sus vidas.
Nada de sobrenatural en esta materia: los centinelas del poder
prohibido siempre existieron. En el Antiguo Testamento, el propio Dios simboliza el conocimiento, pero el conocimiento
prohibido. Tal y como le dice a Moisés, está prohibido ver Su ver-

dadero rostro so pena de muerte. Este cara a cara es el descubrimiento de lo real y se justifica en los rituales católicos, sobre todo en los misterios y en la maldición; el anatema que es su corolario. Según este sistema, está prohibido investigar, se impone la fe ciega.

El Libro de Thot *tenía que ser destruido*

Resulta chocante que lo destruyeran en cada una de sus reapariciones, cual un ave Fénix renaciendo de sus cenizas. Khannaes, uno de los hijos de Ramsés II, que lo tuvo en sus manos, declaró en su momento haberlo quemado. ¿El original o una copia? Otros libros que se refirieron a este texto fueron a su vez condenados en los siglos I y II de nuestra era. La Inquisición lo quemó en repetidas ocasiones, algunas sociedades secretas pretendían poseer el original, pero nadie se atrevió a publicarlo, ni siquiera en parte, y es que los accidentes eran moneda común para quienes cometieron la imprudencia de hablar demasiado. Dejemos de lado supersticiones y charlatanes que sólo falsean y desvirtúan el problema mediante razonamientos crípticos e incomprensibles. Limitémonos a abrir los ojos.

Actualmente, la *Tabla de Esmeralda* de Hermes Trimegisto existe, pero sólo se trata de interpretaciones superficiales, desfiguradas; desnaturalizadas y corrompidas de una ciencia arcaica que sigue siendo una perfecta desconocida. Ciertamente, algunas huellas han sobrevivido, pero la parte esencial ha desaparecido. Nunca sabremos los secretos de la civilización que precedió al Egipto prefaraónico, civilización quizás terrícola, quizás extraterrestre. A menos que las enseñanzas hayan sido preservadas y transmitidas por la tradición que sólo se confía a los grandes iniciados; un saber que se encamina lentamente hacia un conocimiento inaccesible.

¿Cabe por tanto pensar en una organización oculta, cualificada y terriblemente alerta, que poseería esta obra misteriosamente cuidada durante miles de años o reproducido, de generación en generación por una organización político-espiritual en liza por la hegemonía mundial? ¿Cabe manifestar nuestro escepticismo ante esta hipótesis, pese a que muchos lo crean? Pero si así lo creen, posiblemente tengan razón.

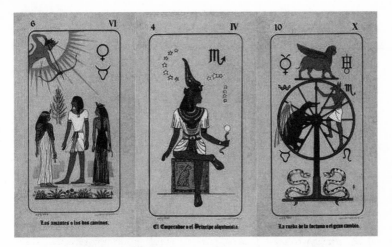

Las cartas del tarot, supervivientes del *Libro de Thot.*

No saquemos conclusiones tan rápidamente

Si nos atenemos a la tradición y a los fundamentos ocultos, la alta ciencia egipcia habría condensado su doctrina en 78 láminas, 22 de las cuales son arcanos mayores y 56 arcanos menores; también denominado el tarot. Figuras herméticas grabadas sobre láminas de oro cuidadosamente guardadas en las criptas sagradas de Tebas Hecatompylos, y que había que protegerlas como fuera de la fragilidad humana, de las sacudidas sociales y de los cataclismos naturales. ¿Con qué medio? ¿Con la ciencia? ¿Con la virtud? Ni la una ni la otra convenían, la primera primera por ser relativa a la locura de los hombres y la segunda sujeta a fallos con el paso de los siglos según sus diferentes significados.

Sólo quedaba un medio posible: el vicio, pues el vicio del hombre seguirá existiendo mientras que el hombre sea hombre. Eligieron su pasión por el juego, que es pasión envilecedora y degradante, la que más posiblemente sobrevivirá en todo medio, en todo pueblo y en todo tiempo.

Así las cosas, las láminas inefables transmutadas en instrumentos de juego se expandieron. Transmitidas por manos ignorantes sólo interesadas en la ganacia, pero también en manos de personas más cualificadas que se adentraron con respeto en los grandes misterios de la alta sabiduría de Egipto.

Dos conocidas figuras del tarot.

Esto es lo que nos cuenta el profesor Falconnier en su reconstrucción de las 22 láminas herméticas del tarot adivinatorio:

> *El tarot no es más que la síntesis teosófica del dogma primitivo de las religiones, aparte de un sistema simplificado de astrología, renovado por el genio de Hermes Trimegisto. Estaba grabado en veintidós láminas de oro que transcriben el alfabeto hierático de los magos, los signos del zodiaco y los planetas. Lo guardaba en el templo un sacerdote llamado Pastoforo, que explicaba su sentido simbólico solamente a los neófitos. Las claves adivinatorias sólo eran desveladas a los más altos grados del saderdocio de Isis, y la pena de muerte se reservaba a los que revelaran los misteriosos arcanos. Las veintidós láminas, dispuestas según el orden del alfabeto numérico, representan la definición completa del dogma de la alta magia de los antiguos; cuando todas las láminas se juntan entre sí, su significado individual se ve modificado por el significado de las que la rodean y devuelven una sentencia sacerdotal y filosófica, así como respuesta a cualquier pregunta que pueda formular un cerebro humano. Las posibles transposiciones de estas 22 láminas superan la cifra de varios millones...*

No se trata en nuestro caso de desarrollar el conocimiento de este juego, sino de hacer notar al lector que habiendo millones de trasposiciones posibles entre las 22 láminas, parece muy difícil obtener una respuesta certera a la pregunta formulada. También puede salirnos cualquier cosa. Muchos charlatanes pretenden trabajar ahora con el *Libro de Thot*, ¿pero cómo distinguir lo verdadero de lo falso? Suponiendo que haya algo de verdad...

Esta es la razón que me induce a recomendar prudencia y reserva sobre el particular, pues considero que la trasposición resumida del *Libro de Thot* en los tarots actuales merecería basarse en precisiones más convincentes antes de quedar abandonada a la leyenda. Esto nos invita una vez más a la prudencia en relación a la magia denominada tradicional.

El misterioso manuscrito de Voynich

Érase una vez un manuscrito de origen desconocido que se resistía a la ciencia de los investigadores. Iniciados, especialistas en civilizaciones antiguas, defensores de tesoros prohibidos, fraternidades ocultistas e investigadores independientes se tuvieron que dar por vencidos. Se trataba del manuscrito Voynich del que con frecuencia hablaba Jacques Bergier, coautor junto a Louis Pauwels del célebre *El retorno de los Brujos* (Plaza & Janés, 2000).

Conocí a Jacques Bergier. Recuerdo una larga velada que pasamos en Salon-en-Provence, apenas unos meses antes de su desaparición. Hablamos precisamente de aquel manuscrito, considerado como un buen ejemplo de libro maldito, que escapó de las llamas y de la codicia de los hombres sencillamente por ser indescifrable y que no presentaba peligro inmediato; también porque había sido fotografiado y muchas de estas fotos, repartidas por el mundo.

Incluso el Vaticano ofreció sus buenos oficios para colaborar en su traducción. De nada sirvió; este texto, aparecido en 1666 acabó en manos de un librero, Wilfrid Voynich, en 1912, y de ahí su denominación. Está redactado en una lengua desconocida con dibujos de unas 400 plantas que no aparecen en la naturaleza.

Todos los especialistas en criptografía de las civilizaciones antiguas fracasaron en el intento, dado que sus textos están escritos en una lengua artificial que resulta indescifrable. Tras la muerte de Voynich, en 1930, los herederos vendieron el manuscrito a la librería Krauss, pero sigue estando a la venta por cifras exorbitantes. ¡Los tesoros malditos también tienen su mercado!

Hay investigadores que consideran que no es terrestre. ¿Pudiera ser un documento procedente de una civilización no humana, que existiera en un mundo lejano, y cuya comprensión tal vez pudiera cambiar el sentido de nuestra humanidad. Si, pero... ¿hacia dónde?

18

El Grial.
¿Tesoro de leyenda o realidad?

El Arca de la Alianza y el Santo Grial constituyen dos de los mayores tesoros espirituales de la humanidad y este libro quedaría incompleto si no contemplase por unos instantes esta cuestion incesante laboriosa que nos trasladará al principio de los tiempos y de la historia.

Los diferentes textos que nos han llegado desde la Edad Media nos presentan al Grial como la más bella aventura espiritual jamás legada al hombre en esta Tierra. ¿Mito? ¿Realidad? ¿Leyenda? o quizá una verdad asfixiada en un esoterismo demasiado espinoso y con unos oscuros intereses en manos de una iglesia que ve peligrar sus cimientos como para dejarse atrapar...

Dice la Biblia: «pedid y os será dado, buscad y encontraréis, llamad y os abrirán.» Por tanto, llamemos a la puerta de la eternidad y por el resquicio de la puerta intentemos aportar alguna luz sobre este Grial, cuyos orígenes remontan a los del mundo y que no deja de fascinar a los hombres sabios.

Los textos antiguos nos lo presentan bajo diferentes condiciones: el talismán, la copa de la Última Cena, la copa donde José de Arimatea, según la tradición, recogió la sangre de Cristo en la cruz; o como una piedra verde abandonada en el mundo por Lucifer o como la tabla redonda donde se reunía el rey Arturo con sus caballeros.

Se cree que el rey Arturo –o Artus– a menudo considerado un rey legendario, realmente existió en el siglo VI, y que defendía la Galia de los invasores germánicos, convirtiéndose en figura emblemática de galos, normandos y bretones. Sobre esta figura se elaboraron numerosos relatos apartados de la realidad histórica que narraban las aventuras maravillosas del personaje.

Intentemos reunir todos los puntos

La aventura arranca en el siglo XII con los escritos de un tal Chrétien de Troyes (entre 1135 y 1183) con su novela *Perceval (o el Cuento del Grial)* que cuenta la historia de un caballero fiel servidor de las órdenes del rey Arturo, que fue enviado al castillo del rey Pescador donde vería desfilar ante sí toda la historia del Grial a través de un amplio plato coloreado junto al que hay una lanza manchada de sangre.

Jamás sabremos el significado que quería darle Chrétien de Troyes a esta imagen, porque la obra quedó inacabada. Algunos lo consideran una imagen de la copa que recogió la sangre de Cristo, la de José de Arimatea y la lanza del centurión Longinos que hirió a Cristo en la cruz.

Pero leyendas célticas muy anteriores al cristianismo también representaron tales imágenes. El Grial sería para los celtas uno más de los otros cuatro objetos sagrados que los dioses trajeron a la Tierra: Excalibur, la célebre espada del poder empuñada por Arturo; la piedra mágica de Fal Lial, que tenía potestad para reconocer al rey legítimo; la lanza de Lug, atributo guerrero que ganaba en eficacia cuando se embebía de sangre y el célebre caldero del Conocimiento donde se sumergía la lanza. ¿Pudiera ser que el Grial fuera el mismísimo secreto del Conocimiento?

Wolfram d'Eschenbach, hacia el año 1205, reanudaría con sus aportaciones orientalistas la tarea de Chrétien de Troyes y convierte al Grial en una piedra caída del cielo sobre la cual depositan una hostia todos los viernes. Su Parzival (Percival o Perseval) debe mantener a salvo una dinastía de sangre real *(sang réal),* protegerla de

El Grial en la corte del rey Arturo.

malas alianzas. O como en otros relatos galos, ofrecer una versión de la administración o custodia del Grial con la que enlazamos con la saga arturiana y sus célebres caballeros de la mesa redonda.

En esta mesa a la que se sientan los caballeros, siempre quedaba un asiento disponible para un héroe desconocido, ignorado, y que algunos asocian con el asiento reservado a Cristo que, en espíritu venía para asistir a las reuniones de la orden. Estos caballeros, unidos en una verdadera fraternidad, tenían que dar fe de perfección moral para emprender con éxito la búsqueda del Grial.

Dicen que la mesa redonda estaba dividida en doce sectores blancos y negros, que tenían en su centro una rueda que giraba como el mundo. Muchos creyeron ver en ella la *Tabla esmeralda* de Hermes Trimegisto con esta esmeralda cuyo color verde, refleja el *spiritu mundi* (el espíritu del mundo), que simboliza la ascensión progresiva y gradual del hombre hasta la cima del conocimiento y que los caballeros debían aprender a descifrar. Dicho en otras palabras, un Santo Grial eterno, indivisible como la verdad y lo absoluto.

Los orígenes de esta esmeralda se remontan en la noche de los tiempos. Según algunos esoteristas, se trataría de la piedra verde que Lucifer llevaba en la frente y que perdió en su combate con san Miguel. En efecto, todas las tradiciones afirman que combates gigantescos enfrentaron a potencias extraordinarias en la noche de los tiempos.

Siguen discutiéndose los orígenes de la palabra Grial

Para algunos investigadores, este vocablo procedería del latin *crater* y que significa copa. Otros invocan diferentes paradigmas como *gréal*, *greel*, *graaus* o también *gradal* o *gradualia*, que designarían la *gradale*, esto es, el «libro de cantar misas» o también, en el sur de Francia, asocian la palagra Grial con *grasal*, esto es vaso, y más precisamente vaso de gres.

Sea como fuere, el Grial reviste carácter sagrado. Para algunos autores, tres caballeros se encargaron de su custodia: Lancelot, Perceval y Galahad, pero Lancelot, caballero sin mancha para algunos, había sido acusado de haber mantenido relaciones ilícitas con la reina Ginebra, esposa del rey Arturo, razón por la cual no se le permitió acceder exitosamente al conocimiento divino.

Fue su hijo, Galahad, el caballero puro por excelencia, quien disfrutó de este privilegio. Un privilegio que fuera también el de Perceval, pero que, según la tradición cisterciense, queda en segundo plano detrás de Galahad.

Transcribimos a continuación un extracto del maravilloso *Romance de la Mesa Redonda* presentado por Jacques Boulenger:

En aquel instante, los tres caballeros vieron salir de la santa copa un Hombre que sangraba por los pies, por las manos y por el costado, y se postraron con la frente en tierra.

«Mis sargentos, mis hijos leales, les dijo el Hombre, vosotros, que en este mundo habéis alcanzado el Celeste, sentaos a mi mesa. Los caballeros del castillo venturoso y muchos otros quedaron satisfechos por el santo Grial, pero nunca se les permitió sentarse aquí, como hacéis vosotros.»

Lloraron tiernamente hasta que sus rostros quedaron humedecidos de lágrimas, luego los tres compañeros se acercaron a la mesa de plata y Galahad se sentó en el centro, y Perceval a su derecha y Bohor a su izquierda. El Hombre tomó el Santo Grial y vino hasta Galahad, que se arrodilló con las piernas juntas y se lo dio su Salvador; lo mismo hicieron los otros; y la

El Grial, ¿tesoro prohibido?

suavidad entró después en sus cuerpos, y ninguna lengua la
sabría explicar.

«Hijo, dijo el Hombre a Galahad, ¿sabes lo que sostengo en
mis manos? Es la escudilla donde Jesús tomó el cordero el día
de Pascua. La misma con que José de Arimatea recogió la san-
gre del Salvador. Ahora que has visto la verdad que deseabas,
pero tan bien como la verás en el palacio de Sarras, a donde
deberás acompañar al Santo Grial con Perceval y Bohor, pero
antes deberás sanar a Mondrano, el rey Mehaigné, ungiendo
con aceite esta lámpara, que es con la que Longinos malhirió a
tu Salvador en la cruz.»

Dicho esto, el Hombre bendijo a los tres caballeros y desapareció. Y Galahad, apartando el sudario que cubría el cuerpo yaciente que trajeron las plañideras, descubrió un hombre que parecía tener cuatrocientos años de edad y que llevaba una corona en la cabeza. Vino a tocar con su mano la sangre de nuestro Señor que fluía de la lanza y ungió a Mondrano, que recuperó la visión al instante y el poder de su cuerpo, que había perdido por voluntad de Dios, como en el cuento de antaño. El anciano rey se incorporó, con el pecho y los hombros desnudos hasta el ombligo. Levantando los brazos al cielo, gritó:

«Dulce y hermoso padre Jesucristo, ahora te ruego vengas a buscarme porque no podré perecer con mayor alegría que la que siento ahora: no soy más que rosas y lis.»

Tomó a Galahad en sus brazos, abrazó sus flancos, lo apretó contra su pecho y en ese mismo instante Nuestro Señor demostró haber oído su plegaria, pues su alma salió de su cuerpo y murió, con la cabeza recostada en el hombro del buen caballero.

Magnífico, ¿verdad?

El Grial según una versión occitana

En Occitania también tienen una tradición que bien merece un poco de nuestro tiempo, pero es una tradición en la que subyace una pregunta inquietante referida a los orígenes del Grial. Veámosla. En Occitania cuentan que Adán, el primer hombre, habría fabricado con sus manos una copa sagrada que se habría transmitido de padres a hijos hasta Noé, luego hasta Salomón y después a Jesús, que la habría utilizado durante la Última Cena.

Fue en esa misma copa donde José de Arimatea recogió la sangre de Jesús que fluía de la herida resultante de la lanza del centurión Longinos. Esta tradición tiene un fondo gnóstico indudable, puesto que aparece la Copa de Esmeralda, símbolo de la clarividencia, «tesoro celeste» perdido durante la caída del espíritu en la materia vil. Esto enlaza con la leyenda de la esmeralda perdida por Lucifer en el inicio del mundo y el saber simbólico representado por la esmeralda perdida de la Mesa Redonda.

¿El Grial se encuentra
realmente en el castillo
de Montségur?

La leyenda pirenaica asocia el Grial con Montségur, porque este castillo habría albergado entre sus muros la joya sagrada. Es preciso recordar primero el conflicto que enfrentó, durante el siglo XII, a los ejércitos del Norte bajo la égida del papa y el rey con Occitania, un país rico y de libre expresión que hubo que conquistar a sangre y fuego para reforzar el poder de los condes del Norte.

Fue entonces cuando la leyenda del Grial se introdujo con más fuerza en el espíritu occitano aterrorizado por las hogueras criminales y la inquisición de los heréticos. El castillo de Montségur, situado a 1.200 m de altitud en el país de Foix, permaneció firme, pero el Grial que atesoraba estaba en peligro.

Los ejércitos del Norte que lo asediaban se convirtieron en ejércitos de Lucifer, y Lucifer estaba decidido a recuperar su esmeralda para reinsertarla en su corona. Una versión nos muestra a Esclarmonde de Foix, propietaria del castillo, arrojando la joya hacia la montaña, que se la tragó al instante. De ahí la rabia de los cruzados, que enviarían a los cátaros supervivientes a la hoguera que ardía al pie de las montañas. En un lugar denominado el «camp dels cremats».

Sin embargo, una versión mejor se acerca más a la realidad histórica. Es la que nos cuenta que en vísperas de la rendición del castillo, cuatro prefectos se deslizaron por las paredes rocosas y lograron

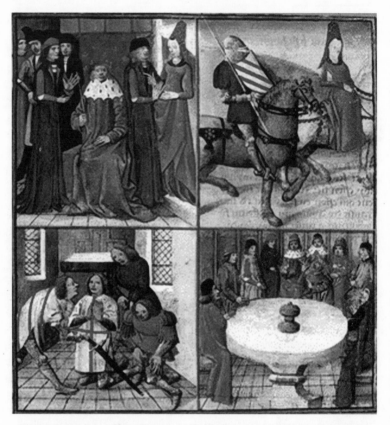

El Grial en la corte del rey Arturo representado en una miniatura medieval.

huir llevando con ellos el tesoro de los cátaros. Siguiendo caminos y pasos que sólo conocían los asediados, transportaban un cofre que escondieron en una gruta de la región. Pensaron en las grutas de Lombrives, en el departamento de l'Ariège, no lejos de Ussat, pero este extremo nunca se confirmó. ¿Se trataba realmente del Grial?

Según el investigador Deodat Roché, no lejos de allí, en la cueva de Montréal-de-Sos, en Ariège, hallaron una pintura en parte destruida por la humedad, pero donde no obstante se distingue la copa mítica del Grial acompañada de una espada y un sol brillante. ¿Pudiera tratarse de un lugar de iniciación de los cátaros?

Cuando Otto Rahn buscaba el Grial en Montségur

La idea expuesta anteriormente conducía a Montségur. ¿Estaba allí el Grial? Muchos investigadores estaban persuadidos, sobre todo Otto Rahn, un historiador alemán que fue hasta el Languedoc para iniciarse en los secretos de Montségur. Incluso obtendría del mismísimo Hitler los medios necesarios para recrear un lugar consagrado al Grial, en Weselbuch, con un castillo del Grial en el más puro simbolismo, un castillo que debía albergar una verdadera mesa redonda de las SS. Con el descubrimiento de este terrible secreto, los nazis, purificados de sus culpas, se disponían a restablecer el orden del mundo en su creencia pura.

Hete pues aquí a nuestro historiador alemán en Montségur, de 1931 a 1940, y tenemos constancia de los numerosos viajes que efectuaba regularmente entre Berlín y Montségur, pero Otto Rahn, pese a su adhesión a las SS era un cándido de tomo y lomo. Su entusiasmo elitista por esta búsqueda del Grial le granjeó, desde el momento de su partida, los honores del tercer reich. Sólo después descubriría Rahn el horror del papel que desempeñaba al saber de la existencia de los campos de exterminio, algo completamente contradictorio con la empresa redentora a la que se había entregado. Llegando incluso a prestar sus servicios para servir de semental en los centros científicos donde saldrían los hijos de la raza aria, futura raza mundial.

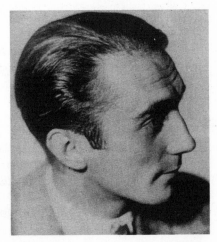

Otto Rahn se sintió fascinado por la historia del catarismo y, desde el año 1929, pasó largas temporadas en el sur de Francia siguiendo las pistas del Santo Grial, hasta que en 1933 publicó *La cruzada contra el Grial.*

Sin embargo, todo se precipita cuando Otto Rahn se ve incapaz de suministrar un certificado de *arianidad* en toda regla, dado que su abuela paterna era judía. Aquello fue su pérdida. Así fue como días después hallaron muerto entre las nieves de un valle a uno de los últimos grandes especialistas en el Grial. Antes había ocultado en un glaciar sus «temibles» textos. Era el invierno de 1941.

Descubramos el Evangelio según santo Tomás

Si mantenemos nuestra atención sobre el catarismo, que ostenta una tradición iniciática y gnóstica, descubriremos que esta «religión» en sus prácticas más íntimas, como es el caso del *consolamentum,* por ejemplo, no se surtía únicamente del evangelio según san Juan. Importantes textos que se hallan en los orígenes del catarismo existen también en el evangelio según santo Tomás, otro discípulo de Cristo.

En este particular, Jean Doresse, en su obra *El Evangelio según Tomás* (Edaf, 1989), nos apunta: «El misterio de la posible autenticidad de determinadas palabras que el evangelio según santo Tomás adjudica al Salvador, hecho por el cual, este escrito merece, más que ninguno de los textos conocidos, ser cotejado con los textos canónicos. Nótese que este texto fue, para los heréticos, y particularmente para los maniqueos, "el evangelio por excelencia"».

Este punto nos abre una perspectiva muy curiosa. Según la tradición, santo Tomás era conocido con el apodo de «el apóstol de las Indias». A partir de aquí, dos pistas se unifican: la de santo Tomás y la de Jesús, dando por hecho que ambos estuvieron en la India para llevar a aquel pueblo lejano la «Luz de la verdad». En referencia a Jesús, existen documentos que indican que durante el «periodo oscuro» de su vida, esto es, entre los 15 y los 30 años, habría estado en la India y habría conocido ciertos elementos del pensamiento budista que reaparecen en el Nuevo Testamento. Esta tesis es defendida por muchos historiadores, véase sobre este particular la obra de Guy Daulnoy: Jesús en la India *(Studio technique d'Édition, 1931).*

Sigamos la pista de santo Tomás acerándonos a la historia apostólica de Addias, un sacerdote babilonio. Según este texto, Tomás llegaría hasta la India acompañado por un enviado del rey Gandafricus, que deseaba conocer la doctrina de Cristo. Así pues, con el apóstol predicando a las gentes y gracias a sus milagros, llegaría hasta la isla de Ceylán. Llegado a esta isla, Tomás tuvo la impresión de haber alcanzado el paraíso terrenal tal y como nos fuera descrito en el Antiguo Testamento. Aún más increíble es el hecho de que los indígenas reivindiquen las mismas fuentes que el génesis. Adimo y Téba, al igual que Adán y Eva, serán tentados por un demonio, el «príncipe de Rackasas», que los aparta de la divina protección de Brahma seduciéndolos con una nueva existencia hecha de sueños, de opulencia y de total libertad.

Aquella trampa diabólica funcionará hasta el extremo de que las dos criaturas se encontrarán en un mundo desolado, hostil, en una jungla tropical gobernada por los malos espíritus y sin posibilidad de hacer marcha atrás. Esta imagen sempiterna de la caída la hallamos, con una exposición diferente, en la versión cristiana.

¿Leyenda sin fundamento? Es posible dudarlo, pues siempre ponemos en duda cualquier leyenda, pero existe en Ceylán una montaña denominada «el Pico de Adán», y otra tradición nos habla de un antiguo templo perdido en la jungla y cuya primera piedra habría sido colocada por el mismísimo Adán. Este templo sería la «casa del Grial», un Grial traído hasta la Tierra por ángeles venidos desde profundidades celestes insondables, desconocidas. Un santuario celestial a la vez material y espiritual que traería a los hombres el conocimiento prohibido.

Todo encaja

Recordemos la esmeralda perdida de Lucifer, de la copa sagrada tallada en esmeralda por Adán, de esta misma copa utilizada por José de Arimatea para recoger la sangre de Cristo en la cruz y que él mismo llevó hasta Inglaterra. De la esmeralda de la Mesa redonda y de las doce partes de esta mesa de bronce preadámico que envuelve el pasado, el porvenir y los grandes secretos de la humanidad. La misma mesa que Tomás descubriera en Ceilán, extremo confirmado en los textos «malditos» del rey Titurel, finalmente este Grial depositario del poder divino que se nos revelaba en el relato lamentamente inacabado de Wolfram d'Eschenbach. Enlazamos asimismo con los cátaros, con un Montségur convertido en «castillo del Grial» (o, como en Ceilán, en «la casa del Grial)», pues la ciencia de los perfectos no sería sino la ciencia del conocimiento graélica. Ahora comprendemos mejor las bases dualistas y maniqueas de los seguidores del Evangelio según santo Tomás. Gentes abiertamente combatidas por la Iglesia oficial durante la cruzada, no sólo contra los heréticos, sino sobre todo contra el Grial, considerado como poder luciferiano. Realidad prohibida que nos sería revelada con la apertura del «séptimo sello» que nos reserva el apocalipsis de San Juan y cuya fecha este apóstol nos indica claramente.

A partir de ahí, todo encaja. Si el Grial no es más que una leyenda, reconozcamos al menos que está bien estructurada, magníficamente establecida, para ser una simple leyenda. Esto nos induce a considerar el Grial como una realidad secreta, esotérica. Una realidad cuyo mensaje luminoso está reservado sólo a los espíritus esclarecidos, pero alerta ante los peligros que encierra la ciencia prohibida.

Felizmente, tenemos en el Grial un tesoro prohibido, puesto que descubrirlo y desvelarlo supondría un cataclismo sobre nuestra humanidad por las manifestaciones imprevisibles de fuerzas desconocidas que aún no estamos en condiciones de conocer y comprender. ¿No es de sabios confesar la propia ignorancia?

La sempiterna pregunta. Vuelvo, por tanto, a una idea emitida en esta obra y que se repite respecto a los ángeles que trajeron hasta la tierra el Grial «venido de otros mundos». ¿Qué otros mundos son éstos? ¿Y quiénes eran aquellos enviados celestes, considerados demasiado puros para permanecer entre nosotros, y que vinieron a visitarnos en épocas remotas?

La pregunta ciertamente, queda abierta, pero hay preguntas que se bastan por sí mismas, incluso sin respuesta. Bastaría con levantar la cabeza, por la noche, y mirar el cielo. La respuesta está ahí arriba, en algún lugar de esa inmensidad, en algún rincón de un universo infinito donde Dios ya había dejado su huella mientras nosotros aún no habíamos salido del limo terrestre. Esta es la verdad. Al menos tal y como yo la siento.

A modo de conclusión

La evolución de las especies desembocaría en el hombre, pero la historia sigue siendo la misma. Siempre fue detrás de aquello que no poseía o que esperaba poseer algún día. Hoy por hoy, sigue soñando con amores imposibles, con tesoros inaccesibles y conocimientos prohibidos. La leyenda le habla de tesoros malditos, la sensatez sencillamente le advierte de herencias peligrosas.

Sin embargo, él sigue abriendo puertas, vuelve sobre sus pasos y abre otras más, hasta que llega a una que no puede abrir. Dudará un instante, pero la empujará, desgraciadamente sin saber lo que hay al otro lado.

Amigo lector, buenas noches y gracias por haberme seguido.

RICHARD BESSIÈRE

Índice

930.10282 B559   HALIW
Bessie¦Çre, Richard.
Misterios por descubrir :el enigma de
los tesoros malditos y otros sec
ALIEF
12/11

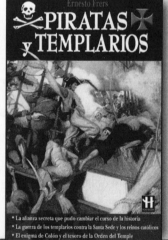